城市轨道交通系列培训教材

城市轨道交通
车站站长

上海申通地铁集团有限公司轨道交通培训中心 组织编写

人民交通出版社股份有限公司
China Communications Press Co.,Ltd.

内 容 提 要

本书是针对轨道交通车站站长的教材，从车站站长日常工作的需要出发，由客运组织、服务管理、票务管理、安全管理、行车管理、设备管理、人力资源管理和车站综合管理等方面阐述车站站长日常管理工作的主要内容，提升车站站长日常管理能力与应急处置能力。

本书可用于车站站长上岗前培训和在岗期间提升性培训，也可以供城市轨道交通员工学习参考。

图书在版编目（CIP）数据

城市轨道交通车站站长 / 上海申通地铁集团有限公司轨道交通培训中心组织编写 . — 北京 : 人民交通出版社股份有限公司 , 2016.12

ISBN 978-7-114-13543-9

Ⅰ . ①城… Ⅱ . ①上… Ⅲ . ①城市铁路—交通运输管理 Ⅳ . ① U239.5

中国版本图书馆 CIP 数据核字 (2016) 第 314609 号

Chengshi Guidao Jiaotong Chezhan Zhanzhang

书　　名：城市轨道交通车站站长
著 作 者：上海申通地铁集团有限公司轨道交通培训中心
责任编辑：韩亚楠　郭红蕊　李　娜
出版发行：人民交通出版社股份有限公司
地　　址：（100011）北京市朝阳区安定门外外馆斜街 3 号
网　　址：http://www.ccpress.com.cn
销售电话：（010）59757973
总 经 销：人民交通出版社股份有限公司发行部
经　　销：各地新华书店
印　　刷：北京市密东印刷有限公司
开　　本：787 × 980　1/16
印　　张：10.5
字　　数：180 千
版　　次：2016 年 12 月　第 1 版
印　　次：2016 年 12 月　第 1 次印刷
书　　号：ISBN 978-7-114-13543-9
定　　价：42.00 元

本书编委会

主　　编：王伟雯

主　　审：邵伟中

编写人员（排名不分先后）：

高　洁　李建琳　毛晓蕾　钱雅倩　殷　妍　陈佳妮

胡　栋　徐明立　刘　悦　陆　昊　徐慧燕

前　言

近几年来，上海市轨道交通飞速发展，网络化快速形成。截至2015年12月，上海轨道交通运营线路共计15条，分别为：1、2、3、4、5、6、7、8、9、10、11、12、13、16号线及磁浮线，全网运营线路总长达617km，共367座车站（3/4号线共线段9个车站的运营路程不重复计算，多线换乘车站数分别计数）。其中，换乘车站数共50余座。初步形成了与国际化大都市框架相适应的网络化轨道交通运营系统。

随着轨道交通的快速发展、运营及各工种分工的进一步细化，乘客和社会对车站服务的要求不断提升，对专业岗位的技术技能要求也在不断提高。生产现状迫切需要我们开发和迅速形成一支业务素质高、应急处置能力强的车站站长队伍，全面负责各轨道交通车站的行车、客运、安全、票务及设备管理，负责车站的乘客事务、突发情况处置及员工管理、综合管理等。本教材具有针对性，可以帮助城市轨道交通相关从业者快速适应城市轨道交通车站站长岗位需求。

本教材共九章，分别为绪论、客运组织、服务管理、票务管理、安全管理、行车管理、设备管理、人力资源管理和车站综合管理，涵盖了车站站长管理工作的各个方面。每章开头列明学习目标，增强学习的针对性；每一章下包含若干节，内容精炼，深入浅出，引导学员加深理解和实践工作中对理论知识的应用；每章内容之后还有复习思考题，考查学员对重点内容的掌握程度，巩固每章知识点。

本教材由上海地铁各专业一线业务骨干人员基于上海地铁多年来的运营管理经验进行编写，紧密结合轨道交通企业工作实际，其主要依据是轨道交通行业相关法律、法规以及上海申通地铁集团有限公司规章制度等。其中，第一章由高洁负责编写，第二章由李建琳、毛晓蕾负责编写，第三章由钱雅倩、殷妍、陈佳妮负责编写，第四章由胡栋负责编写，第五章与第六章由徐明立负责编写，第七章由刘悦负责编写，第八章由陆昊负责编写，第九章由徐慧燕负责编写。全书由高洁负责统稿。编者们以严谨求实的态度，科学认真的作风，克服时间紧、任务重的困难，积极投入编写工作。

本书在编写过程中，得到上海申通地铁集团有限公司、运营管理中心、各运营公司领导的大力支持及专业技术人员的帮助，在此表示由衷的感谢。

由于作者水平有限，本教材中存在的不足和遗漏之处，敬请同行专家和使用本教材的学员予以批评指正。

编　者

2016年10月

目　　录

第一章　绪　　论

学习目标

★了解车站站长基本工作职责。

★了解车站站长一日作业内容。

近年来我国城市轨道交通保持快速发展势头，“十二五”期完成投资超过10000亿元，建成2000km。同时，按照2020年总里程达到6000km计算，“十三五”期间，我国将进入城市轨道交通建设大发展阶段，保持快速发展趋势。

有关轨道交通行业发展现状统计数据显示，截至2014年年底，我国内地已有北京、上海、广州、天津、重庆、南京、武汉、长春、深圳、大连等22个城市先后建成并开通运营城轨交通线路，总里程达3137km。全国城轨交通客运总量达126亿人次，北京和上海分列世界城轨交通客运量的第一和第二。伴随着中国经济的腾飞，中国城市轨道交通产业正步入高速发展时期。

城市轨道交通由一个个车站组成，而车站站长是每个车站的总负责人，负责所辖站区的日常管理、运营安全等工作，不但要做好安全生产、行车组织、客运组织、客运服务、票务管理、运营设备监控等日常运营业务管理工作，更要对所辖车站的安全管理工作负责，能否及时、安全、有效地处置突发事件更是考验一个车站站长能力的关键，车站站长可谓责任重大。

正是基于车站站长工作的重要性，本书拟就车站站长的工作职责与工作内容进行探讨。

概而言之，车站站长每日的作业内容，按时间顺序，可分为准备作业、基本作业、整理作业三个部分。

一、准备作业

（一）上岗要求

上岗前应按照《岗位通用标准》的规定穿着制服、工作鞋。佩戴服务标识（包括领带、领花、工号牌、头饰等）。

（二）岗位交接要求

（1）与前一班车站站长进行交接班，详细了解接班时的车站客流情况，设备设施运行情况，生产任务情况，生产物资、备品备件、工器具使用情况，并在相应台账上进行填记。

（2）前一班站长和后一班站长间的交接必须书面和口头同时进行，并以书面交接为主，在未经批准的情况下，接班的站长未到岗之前，当班站长不得擅自离岗下班。

（三）班前会作业

1. 班前会召开时间

（1）除客运早班外，在本班上岗前 15min 召开班前会。

（2）班前会的开会时间应不少于 5min。

2. 班前会召开地点

各车站应根据车站布局特点自行选择并固定召开班前会的地点，该地点必须满足以下基本条件：

（1）车站公共区域。

（2）车控室前。

（3）探头可见位置。

（4）不影响乘客通行。

3. 参加班前会人员

（1）本班客运服务人员。

（2）大四班、做一休一等正在岗位工作人员。

4. 班前会流程

（1）第一步：排列整齐，精神饱满，进行列队点名，并对员工工作证进行检查。

（2）第二步：对仪容仪表进行对标逐一检查。

（3）第三步：通过问答形式进行岗前培训。

（4）第四步：结合上级文件精神及近期车站工作重点，对重点工作进行布置。

（5）第五步：上岗。

二、基本作业

（一）上岗要求

（1）精神饱满，举止规范。

（2）执行首问责任制，严禁对乘客说“我不知道”“我没有办法”。

（3）当班期间详细了解所辖站区车站客流情况、设备设施运行情况、生产任务情况、客运服务情况。

（二）行车组织

（1）落实所辖车站运营方案、运营组织，确保列车安全、正点。

（2）监督车站值班员贯彻执行各项行车规章制度。

（3）加强线路行车突发事件的处置，控制突发事件对线路运营的影响，做好信息传递工作。

（三）客运组织

（1）落实所辖车站各类客运组织方案，确保运营安全秩序，提高客运组织效率。

（2）细化车站大客流处置一站一预案，加强日常预案演练，预防因客流拥挤而造成踩踏伤亡事件的发生。

（3）提出所辖车站导向标志、车站广播等客运设施的改进建设，确保站内客运设施的正常使用。

（4）落实车站商业类服务设施的现场管理。

（四）客运服务

（1）落实公司客运服务规章制度及岗位标准化作业，推进、创建服务品牌、培育服务明星。

（2）执行票务管理制度，预防票务舞弊事件的发生。

（3）妥善处理所辖车站乘客来信、来访、来电、投诉及客伤事件。

（4）协调委外单位落实所辖车站环境卫生工作。

（5）定期做好所辖车站遗失物品清点提交工作。

（五）设备管理

（1）协调相关单位做好所辖车站各类设施设备维护保养工作。

（2）编制、申报所辖车站生产类物资采购计划，监督车站现场物资使用和库存管理、备件消耗状态。

（3）做好所辖车站现场能耗指标控制工作。

（六）日常管理

（1）组织所辖车站安全生产危险源辨识及整改落实工作。

（2）掌握员工思想动态，做好人才储备工作。

（3）落实员工的安全教育、岗位培训、考评与考核，并按所辖车站的技术特点落实岗位适应性培训、作业指导。

（4）传达、落实、宣贯公司计划、文件、规章制度等。

（5）按贯标要求建立健全的各类报表、台账的管理。

（七）整理作业

将所辖车站各类行车、客运、票务、设施及上级文件、接待乘客事务等动态的生产过程、各车站各项服务质量分析形成工作周报、月报提交公司相关部门。

由前文内容可见，站长工作虽可划分成三个部分，但每个部分包含的工作内容涉及面广，对站长管理水平的要求高。从后面的章节开始，本书将从客运组织、服务管理、票务管理、安全管理、行车管理、设备管理、人力资源管理、综合管理等车站站长工作的主要方面进行探讨。

复习思考题

车站站长一日作业包括哪三个部分？每个部分的主要内容是什么？

答：车站站长每日的工作内容，按时间顺序，可分为准备作业、基本作业、整理作业三个部分。

1. 准备作业

1）上岗需求

2）岗位交接要求

3）班前会作业

2. 基本作业

1）上岗要求

2）行车组织

3）客运组织

4）客运服务

5）设备管理

6）日常管理

3. 整理作业

第二章　客 运 组 织

学习目标

★了解客运组织的定义与原则；
★了解乘客乘坐轨道交通的一次流程；
★熟悉客运组织的主要手段；
★掌握大客流响应的主要手段；
★通过案例分析，掌握突发情况下的客运组织。

第一节　客运组织概述

一、客运组织的定义

客运组织是指以客流、客流调查和客流预测为依据，通过计划、组织、协调和管理，经济合理地使用客运设施和设备，采取切合实际的有效的客流组织办法和措施，为广大乘客提供安全、迅速、便利、舒适的服务，以满足乘客出行的需要。

轨道交通客运组织工作是轨道交通运营工作的核心，是完成轨道交通运营任务的重要组成部分，是直接反映轨道交通运营管理水平的标志之一。

二、网络运营的客运组织特点

（一）网络规模效应使得客流快速增长

轨道交通网络形成后，乘客在网络覆盖的地域内均可快速抵达目的地，越来越多的乘客被吸引，其规模效应逐渐显现出来，客流总量也呈现总体快速上升趋势。

（二）环网效应增加线路间相互影响增大

网络化运营时，客流出行特征将不再是简单的单向流动，而是多方向的流动；线路间客流也不再具有单线运营时的相对独立性，而是由组成网络的众多线路间的客流构成的相互影响、相互作用的庞大客流系统。一旦某单线列车发生运行故障，将通过换乘车站影响邻线的正常运营，造成严重的客流阻塞，甚至波及整个运营网络的正常运营。

（三）线间换乘的多样性使客流组成更趋复杂

城市轨道交通网络多条线路的聚合点自然形成了客运枢纽，枢纽内线路的敷设方式不同，站厅与站台布置方式不同，形成了线路和线路之间客流换乘方式的多样化。如站台换乘（同站台换乘、不同站台换乘）、站厅换乘、通道换乘 、混合换乘等多种形式。

三、客运组织的要求

（一）运营计划须全盘考虑，统筹兼顾，积极应对

网络运营条件下的列车运行计划编制，须重点考虑换乘车站，尤其是大型换乘枢纽的运营计划，各条独立运营线路的运营计划不能独立制订，应根据不同线路的客流量（尤其是高峰时段客流量）来制订换乘枢纽车站各方向列车的到发点，尽量做到各条线路到发客流与其列车运能的匹配。在制订枢纽的运营计划时，还应考虑不同线路之间的列车运行间隔时间，最大限度地减少乘客在站台上的停留时间。

（二）充分利用网络的通达性，客流组织变“疏”为“导”

轨道交通网络形成后，各条线路因换乘枢纽车站而联结成网，任何两车站之间的路径可有多种不同的选择。一旦某条线路发生了列车故障，为减少单点故障对乘客的影响，运营单位除了积极采取应急措施外，可以充分利用四通八达的网络，避开故障点，尽可能减少故障影响，还应及时加强对全网客流的引导，组织、导引乘客通过其他路径迂回，避开故障区段。

（三）重视客运枢纽站的客流组织

大型换乘枢纽站，不仅客流量大，而且客流组成复杂，为应对客流出行特征的变化、满足未来乘客出行的需求， 要求换乘站所涉及的多条线路实行统一的运营管理。实现换乘枢纽车站管理的统一性、完整性。统一的线路管理将有利于为乘客提供完整的信息服务支持和优质、统一、标准的客运服务。

（四）车站售检票系统的布局要顺应客流的走向

自动售检票设备的合理布局是保证客流快速流动的重要条件，网络化运营条件下的客流组织更不能忽视。轨道交通换乘车站具有出入口多、车站规模大的特点，车站设备的布置更要考虑客流的走向，使各种形式的客流尽量减少相互间的交叉干扰。在换乘车站，特别是站厅换乘的车站，由于受到车站可利用空间的限制，就不能草率、盲目、简单地进行收费区设置，应充分考虑乘客售检票、换乘、进出站等

不同的流动目的，进行车站整体布置。因为车站自动售检票等服务设备的布局，将直接决定客流的移动线路。

（五）导向系统布局要强化线间换乘的引导作用

客流的顺畅流动离不开车站的导向设施，根据客流流动的需要，在车站的出入口、售检票系统处、客运服务中心、楼梯、转角、通道、站台等乘客流动需要经过的主要区域，应设置乘客乘车、出入口、进出站的信息发布。换乘车站对涉及换乘的导向识别系统和信息发布系统更要充分考虑换乘客流的需求，合理确定导向的位置，准确明晰地制订导向的内容。在导向信息的分布中，首先要强调主要信息，如换乘方向、线路的分布等，其次也应发布一些乘客可能需要了解的信息，如出入口的周边信息、首末班车时刻等。

第二节 乘客乘车流程

城市轨道交通的根本任务是运送乘客，城市轨道交通体系为乘客提供了方便、快捷的出行服务。为完成运送乘客任务，客运组织工作是城市轨道交通运营生产的重要组成部分。实行优质文明的服务则是客运组织工作不可缺少的环节。

根据乘客进站和出站客流流向的不同，轨道交通进出站可以分解为具体作业流程，如图 2–1 所示。

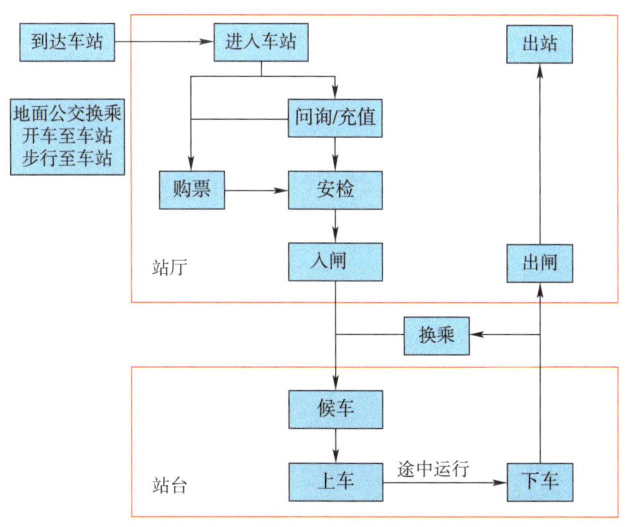

图 2–1 轨道交通进出站作业流程

城市轨道交通系统的乘客，在客运组织流程的不同阶段具有不同的需求特点，由此决定了不同的设备设施设置原则及相应的客运组织要求。

一、进站

乘客乘坐轨道交通，首先需确认本人的具体位置，然后通过最近的轨道交通出入口进入，为此需要明确乘客需求，以确定设施设备的设置原则，具体如下：

（1）车站位置合理。

（2）城市轨道交通出入口标识醒目、设置合理，具有一定的高度（防水倒灌）。

（3）到达轨道交通车站方便。

（4）轨道交通出入口容易找到。

（5）到达轨道交通车站进站闸机的距离较短。

二、服务中心

乘坐城市轨道交通的乘客可分为一般购票乘客、老人、学生等特殊需要帮助的乘客。其中一般购票乘客可分为熟悉城市轨道交通系统的乘客，如购储值卡类的本地乘客；不熟悉城市轨道系统的乘客，如购单程票的外地乘客、搭乘次数不多的本地乘客。一般情况下，询问的乘客多为不熟悉城市轨道交通的乘客。

1. 乘客需求

（1）服务中心位置设置合理、醒目。

（2）引导标识明确，不被遮挡。

（3）服务中心设有咨询、兑币、处理票卡等功能。

2. 设施设置及服务要求

（1）服务中心设立规模结合客流特点，窗口的数量和面积相适宜。

（2）服务中心设施设备须满足客流的需要。

（3）服务人员服务规范。

三、购票

乘客均需持有车票才能进入车站付费区，拟持单程票的乘客每次进入车站均需购票。持储值卡类的乘客可根据实际情况进行充值。

1. 乘客需求

（1）非付费区设有适量的售票机等自助售票设备或人工售票窗口。

（2）设备设置位置合理，引导指示明确，标志醒目。

（3）购票等候时间合理。

2. 设施设置及服务要求

（1）自助售票设备、人工售票窗口设置数量合理。

（2）自助售票设备等不被其他用途的设施遮挡。

（3）根据不同车站的客流特点设置合理的购票区域，如火车站等。

四、检票

乘客购票后，通过安检，手持车票经闸机验票，经验票无误后，闸机开放，让乘客通过闸机进入付费区。

1. 乘客需求

（1）闸机位置明显，标识醒目。

（2）进站闸机响应快速。

（3）不同类型车票的闸机或设备应明显标识。

2. 设施设置及服务要求

（1）闸机位置醒目，指示明确。

（2）闸机的通过能力与客流量相匹配。

五、候车

乘客经过闸机后，进入付费区，至站台等候列车到达。

1. 乘客需求

（1）方便到达站台，舒适候车。

（2）清楚现在所处的位置，列车的方向标识明显。

（3）列车的进站相关广播或信息告知清晰。

2. 设施设置及服务要求

（1）站台上有适量的座椅，站台应设有明显的候车安全线——广播提示乘客在列车未进站停稳、车门未完全打开之前，不要越过安全线，以防发生意外事件。

（2）采用广播系统预报，车站通过广播为乘客预报下次进站列车的方向，目前已经有两种利用 ATS 实现自动预报的新设备投入使用：一是自动广播系统，当后续列车驶入接近区段时，广播系统自动工作；二是在站台设置同位显示器，向乘客预告列车何时进站。

（3）安装屏蔽门。屏蔽门为乘客提供一个舒适的候车环境，同时能保障乘客在站台的候车安全。

（4）舒适的候车环境。空间宽阔，灯光照明配置合理，减少噪声干扰，空调气流舒适；引导指示系统醒目清楚；广告位置合理，不干扰引导指示系统。

六、列车乘坐

1. 乘客需求

（1）列车运行平稳。

（2）车内不拥挤，整洁舒适。

（3）能了解列车的运行情况以及到站等信息。

2. 设施设置及服务要求

（1）列车外部运行方向表示明显。

（2）列车内有运行线路图等信息展示，站名清晰。

（3）列车上乘客乘坐相关提示信息清晰（如禁止吸烟等）。

（4）车内灯光配置合理，座位舒适。

（5）列车广播信息及时、准确。

七、验票

乘客乘坐轨道交通到站后，下车持票经出站闸机验票出站。

1. 乘客需求

（1）出站闸机响应快速。

（2）出站闸机引导指示清晰明确。

2. 设施位置及服务要求

（1）出站闸机的设置应符合乘客行走路线。

（2）遇车票损坏或补票等情况，等候处理时间适宜。

（3）不同类型车票的闸机或设备应明显标识。

八、出站

乘客验票出站后，通过出入口离开车站。

1. 乘客需求

（1）出入口位置醒目、指示明确。

（2）方便换乘其他交通方式到达目的地。

2. 设施设置及服务要求

（1）车站在不同街区有出入口，允许出入口兼作过街隧道或天桥，为保持系统的独立、完整，应设隔断将两区域分隔。

（2）出入口靠近公交车站。

九、换乘

换乘的乘客从一个车站到另一个车站，通过车站间通道或楼梯或站厅换乘。

1. 乘客需求

（1）换乘快捷。

（2）换乘方向明确。

（3）通道照明适度，环境舒适。

（4）地下通道通风良好。

2. 设施设置要求

（1）换乘通道安全便捷。

（2）引导指示清晰明确。

第三节　车站日常客运组织

一、首末班车客运组织要求

车站应做好首末班车客运组织工作及信息提示，加强换乘站客流组织，确保首末班车正点运行。

（一）首班车客运组织

（1）车站各岗位工作人员提前 15 min（相对于首班车）上岗。

（2）车站应有专人提前 15 min 依次开启所有出入口卷帘门，不得随意存放钥匙或托他人办理。

（二）末班车客运组织

（1）车站在相应方向末班列车到达前 5 min，进行该方向的末班车广播，闸机口、自动售票机（Ticket Vending Machine，简写 TVM，下同）、客服中心的工作人员对乘客进行提醒。

（2）末班车到达前 3 min，停止售票。

（3）末班车后清站工作要有专人负责，对易滞留人员的场所应重点清查，专人必须确认清站完毕后方可关门加锁，严禁本站当班以外人员在站驻留（因工作需要的施工人员除外）。

（三）换乘车站首末班车路网衔接的客运组织

（1）在公告栏、换乘通道口张贴换乘邻站及本站的首末班车时间。

（2）换乘站换乘通道卷帘门具体开门时间的设置原则：以换乘车站中首班车相对晚的一方运营时间为准，且提前开启换乘通道卷帘门。

（3）相邻换乘车站（换乘邻线）两个方向的末二班车结束后，本站均要配合进行广播及人员提示工作(在换乘通道口及 TVM、进出站闸机处），确保换乘邻线即将结束方向列车的乘客乘坐。

（4）相邻换乘车站（换乘邻线）单方向的末班车结束后，车站均要配合进行广播及人员提示工作(在换乘通道口及 TVM、进出站闸机处）。

（5）换乘站换乘通道卷帘门具体关门时间的设置原则：以末班车结束时间早的一方运营结束时间为准。

（6）相邻换乘车站（换乘邻线）双方向的末班车全部结束后，车站均要配合进行广播（此时换乘通道卷帘门已关闭），以告知要换乘邻线的乘客。

二、高峰保驾期间车站客运组织要求

为了确保车站高峰时段良好有序的客运组织工作，车站应按高峰时段运营保驾要求，组织工作人员在重点时段、重点岗位、关键点位执行车站现场保驾工作。

（一）保驾时段

（1）工作日保驾时间为早晚高峰时段。

（2）节假日保驾时间按车站客流出行规律确定。

（3）重大活动保驾时间按活动开展时间确定。

（4）其他可以预知的客流较大需要加强现场保障的时段。

（二）保驾岗位

（1）站台候车、上下车安全宣传与监护。

（2）人行楼梯、自动扶梯进出口乘梯安全宣传与监护。

（3）换乘通道、站厅拥堵点宣传与疏导。

（4）站外限流宣传与疏导。

（三）各岗位高峰时段工作要求

1. 车站站长

（1）车站站长应穿着上海市轨道交通工作制服，外穿反光背心，佩戴服务标识、对讲机。

（2）高峰时段，车站站长应该加强现场巡视，掌握站台客流情况及设施设备运作情况，充分利用班组人员、车站售检票系统等资源，确保车站客运组织及乘客安全。

（3）保驾人员遇特殊情况不能到岗时，车站站长应安排好代班人员。

（4）发生突发情况时，作为现场第一指挥者，按预案安排各岗位各就各位，及时处置。

2. 车站站务员

（1）车站站务员应穿着上海市轨道交通工作制服，外穿反光背心，佩戴服务标识、便携式扬声器、对讲机。

（2）按规定携带便携式扬声器、对讲机及日常作业必需品，维护站台正常候车秩序，按照“一看、二接、三送”的一次作业程序做好接发列车工作。

（3）加强车站巡视，确保工作范围内各类设施设备的正常运作与齐全完好，发现问题，及时报告车站站长。

（4）注意乘客候车动态，及时发现乘客异常，防止跳下站台。进入隧道，关注列车门/屏蔽门开关，避免夹人夹物的情况发生。

（5）做好周边楼梯口的客流疏散工作，积极引导站台乘客“先下后上”，提醒乘客上下车注意安全，制止强行进入车厢的乘客。

（6）在客流拥堵点、限流点积极向乘客宣传，分流乘客。

3. 站务助理员/志愿者/安保

（1）站务助理员/小时工应穿着统一的站务助理员标识反光背心，佩戴便携式扬声器。

（2）志愿者应穿着“上海地铁志愿者红马甲”。

（3）安保人员按规定穿着安保标识制服。

（4）保驾人员要按时到岗，着装统一规范，携带必需的设备，严格按照作业要求开展工作。

（5）对候车人员要做到热情服务，重点照顾，积极疏导宣传，维护车站正常的候车秩序。

（6）做好周边楼梯口的客流疏散工作，积极引导站台乘客“先下后上”，提醒乘客上下车注意安全，制止强行进入车厢的乘客。

（7）在客流拥堵点、限流点积极向乘客宣传，分流乘客。

（8）安保应加强站台区域的巡视，配合车站站务员处置突发事件。

三、车站常态限流客运组织

（一）限流原则

1. 科学限流，提前响应

运营公司应根据《上海市轨道交通运营安全管理办法》对所辖车站工作日、节假日等高峰时段客流规律、重大活动期间人员规模，在时间上提前实施限流。

线路控制中心（简称 OCC）根据客流及运能情况提前通知车站，在空间上提前实施限流。

2. 发生拥堵，果断限流

当车站的站台、站厅、楼扶梯、出入口通道、换乘通道等处出现客流拥堵，造成人员通行缓慢并有继续增加的趋势时，应果断采取限流措施。

3. 循序渐进，限而不乱

运营公司采取限流措施时，应结合线路客流特征实施远端限流，车站限流措施应由内向外、逐渐加强，直至关闭车站出入口（只出不进）。

运营公司应加强线路车站信息告知和现场引导，确保线路站内、站外客流组织有序。

4. 指挥有序，信息畅通

车站是限流处置的责任主体，限流措施启动由车站站长负责，并做好现场指挥，站区民警配合，相关单位和人员应服从现场指挥。

各单位加强沟通和上报工作，确保信息畅通。

（二）车站限流措施

1. 地下、地面车站主要限流措施

（1）站内：车站可适时关闭部分进站闸机、TVM 和人工售票窗口，减缓售票速度，关闭或调整自动扶梯运行方向。

（2）站外：车站可采取出入口限流、车站单进单出（指部分出入口，下同）、只出不进等措施，关闭或调整自动扶梯运行方向。

（3）有过街地道的车站：在地道入口处安排车站人员利用喇叭做好限流引导和告知工作，常态限流要张贴限流公告。

2. 高架车站主要限流措施

（1）站内：车站可适时关闭部分进站闸机、TVM 和人工售票窗口，减缓售票速度，关闭或调整自动扶梯运行方向。

（2）站外：关闭或调整自动扶梯运行方向，当站台滞留客流较多时，车站可视情直接采取出入口的限流措施（单进单出、只出不进等措施），减缓乘客进站速度，减少站台乘客滞留压力。

（3）有天桥的车站：在天桥下方楼梯处安排车站人员利用喇叭、告示等措施进行引导及限流信息告知，将客流控制在站外天桥下方。

3. 换乘车站主要限流措施

（1）站内：可适时关闭部分进站闸机、TVM 和人工售票窗口，减缓售票速度，关闭或调整自动扶梯运行方向。

（2）站外：客流增加车站可采取出入口限流、车站单进单出、只出不进等措施。

（3）换乘门洞：有换乘门洞的车站，在换乘门洞处安排人员做好限流引导和告知的工作，利用喇叭、警戒绳（或限流门、卷帘门等）做好客流组织。

（4）换乘通道：有换乘通道的车站，客流急剧增长可采取只换乘不进站等限流措施。换乘通道的车站实施邻线换乘通道入口处限流，关闭各线路换乘场通道内的自动扶梯；非通道换乘的车站实施楼梯口限流。

（三）信息汇报

（1）当车站主动采取限流措施时，限流车站应及时向所在线路的 OCC 报备，由 OCC 向 COCC 报备。

（2）当 OCC 根据实际情况向车站发布限流指令时，相应车站应立即启动限流措施，OCC 及时向 COCC 报备。

（3）涉及换乘枢纽站的，由事发车站向邻站通报信息，双方车站应同时向各自 OCC 报备，OCC 向 COCC 报备。

（4）运营公司应在每月 5 日前将所辖的限流车站数量、限流方案及变更情况，以工作联系单形式报运管中心。

（5）各运营单位和部门应根据各自的管理职责，利用对内信息平台、对外 TOS、电台、网站、微博、移动电视等媒介，将限流信息及时向相应受众发布。

（四）限流工作流程

1. 限流准备

（1）运营公司应根据客流变化规律和周边大型临时活动的情况，事先在相应车站出入口、站厅和站台相应位置加装固定或移动隔离措施。

（2）运营公司在车站进行费区改造、客流组织等重大调整前，应事先组织专家对方案进行评审，再将方案报集团运营管理部审核。车站实施限流方案前应提前向社会告示。

（3）车站应提早做好限流人员布岗、办理退票、致歉信准备及限流措施启动时所需物品等准备工作。

（4）车站要备有车站平面图、警戒绳、导向标志、应急通讯录、黄（红）色马甲、反光背心等用品，要配备手持电台、喊话器等装备，准备好致歉信、增票、零币，限流告示、限流广播词、卷帘门应急钥匙等，并加强管理，确保随时可用。

（5）运营公司和各派出所要组织职工和民警认真学习车站限流方案，确保车站员工和民警人人知晓限流措施启动后各自的岗位和职责。

2. 限流实施

（1）车站实施限流时应加强与驻站民警的联系，及时通知警务站人员到达现场协助限流。

（2）限流时车站增派服务人员到站台维持秩序、疏导客流，重点在进站闸机处或站外出入口处（枢纽站安排服务员在站厅楼梯入口和转乘通道接口处）进行疏导。

（3）遇需单进单出、只出不进、通道口限流、楼梯口限流、换乘站只换乘不进站等情况时，车站应及时采取张贴公告或提示信息、摆放临时导向、拉警戒绳等措施组织好客流疏导。

（4）列车延误 15min 以上，车站开始办理退票及致歉信业务，相应服务员到达退票点，做好办理退票及解释工作。

（5）采取限流措施期间，车站应利用车站广播加强对乘客宣传解释的力度，尽量取得乘客的支持、配合和理解。

（6）限流措施启动后，现场工作人员应佩戴醒目的标识，其中车站站长身穿“黄色马甲”标识，车站员工身穿“反光背心”标识，志愿者和增援人员身穿“红色背心”标识，车站民警、保安身穿制服。

3. 限流结束

当限流措施取消后，车站应及时开启关闭的售票窗口和 TVM、进口闸机、出入口，及时撤离临时公告、导向、警戒绳等限流工具，合理布岗，有序地办理正常运营作业。

四、突发事件交通保障应急预案的客运组织

（一）公交应急预案的启动

由 OCC 根据轨道交通线路故障预判将造成中断运营 30 min 以上时，向 COCC 值班长提出启动申请。

COCC 值班长填写应急支援车辆申请单，并书面传真至市交通运输和港口管理局指挥中心（交通局值班室），由交通局值班室向市运输管理处下达启动命令。OCC、COCC 同时分别通知相关车站、运营公司已启动公交应急预案。

（二）车站的应急联动

各车站应根据本站应急预案内容并结合本站的实际情况，提前进行充分预想，制订配合公交应急预案的车站实施细则。

（三）启动公交应急预案所需物资

（1）公交短驳应急疏散点标志牌（2 组）：公交应急保障上下行两处指定地点各放 1 组。

（2）临时专线车辆标识牌。

（3）应急保障公交车辆记录表。

（4）其他临时指引导向。

（5）车站需提前准备以上各备品物资并妥善保管。

（四）公交预案启动后车站职责

（1）指派专人按照《轨道交通突发事件交通保障应急预案》中的应急公交疏散点位置接引公交短驳车辆，放置引导标识、标志，并主动联系两端始发站点应急公交联系人，报清接驳点方位，引导应急公交到达指定接驳位置。

（2）车站应在上下行两处指定地点各安排工作人员（至少各 2 名）协助公交现场增援人员组织现场服务工作。其中，一名车站工作人员负责将应急保障的公交车辆到发时间、车牌号码等信息记录在《应急保障公交车辆记录表》中；其他车站工作人员负责在停车点主动引导乘客从地铁车站出入口进、出，为有需要的乘客提供必要的帮助，并利用“小蜜蜂”或电喇叭在公交车到站时进行报站。

（3）车站按照预案有序引导乘客疏散，按照规定的应急公交广播词的内容，通过广播、乘客信息显示屏等手段，引导和组织乘客有序出站换乘地面公交或到指定公交疏散点。

（4）应急疏散点的车站人员做好与市公安局轨道公交总队驻站警察、地面交警

的联动，协调落实接驳公交车的临时停放、上下客和交通秩序等保障措施。

（5）车站应急公交疏散点联络人在与公交人员接驳对接时，按照规定做好以下工作:

①做好公交短驳“应急疏散点标志牌”设置摆放。

②与应急公交车辆驾驶人做好“临时专线车辆标识牌”交接工作（每车1张），告知应急公交开行方案（×站—×站）。

③ 将应急公交车辆到达时间、发车时间、车辆牌号、登乘人数统计等内容用专用记录簿登记。

④加强与车站信息联络，报告公交接驳执行进展情况。

⑤实时掌握已启动公交应急预案申请的车站执行情况，并将情况报OCC和运营公司生产调度。

⑥车站做好客运工作，有序开展“退票、赠票、致歉信发放”，并做好信息告知解释等工作。

⑦现场工作人员应时刻保持良好的岗位形象，注意文明用语，体现对乘客主动关心、热情帮助、积极引导的服务态度。

⑧车站内应利用移动导向牌、应急广播词等向乘客做好解释和引导工作，按照有关规定做好相关票务处理、换乘问询及其他安抚工作。

⑨车站需按规定做好轨道交通故障或事故情况以及救援恢复信息报告工作。

（五）公交应急预案的解除

轨道交通恢复运营后，由运营管理中心线路OCC报COCC，COCC向交通局值班室撤销公交应急预案。OCC、COCC同时分别通知相关车站、运营公司公交应急预案已撤销。车站应对受本次突发事故影响的退票数、赠票和致歉信发放量及公交配套开行车辆数进行统计，并报公司生产调度。

（六）应急公交广播词示例

乘客们请注意，由于线路设备故障，开往××方向的列车现已停运，请去往××方向的乘客听从工作人员的安排从×号口有序出站，改乘开往××方向的公交车，谢谢您的配合。

五、客运组织监控要求

（1）车站应根据客流量的大小、流向，按规定开放出入口，未经批准，车站不得随意关闭已开放的出入口。

（2）车站需加强现场管理措施，保持客流运送畅通与安全。在高峰时段或客流突发期间，采取必要的控制措施。

（3）车站需了解掌握现场客流变化情况，对于长期由于运营服务设施布局或数量不足导致的客流拥堵，需采取合理疏导措施，并将情况及时上报，同时给出初步调整意见。

（4）车站工作人员应熟知车站设施设备的位置及使用方法，后续做到定期检查，保证设备处于良好状态。运营期间如遇客运服务设施设备维修保养或故障检查，工作人员应采取必要的安全防护措施，确保乘客不因错误使用而造成人身伤害。

（5）车站应做好站台安全乘车组织、引导工作。遇列车运行调整时应及时做好广播告知，引导乘客安全候车；列车进、出站时应组织乘客在安全区域内候车；列车发车前应确认车门、屏蔽门（安全门）无夹人夹物现象；发现异常情况及时采取相应措施，并立即汇报。

（6）加强车站巡视工作，严禁乘客和闲杂人员在出入口、站厅、站台长时间逗留、坐卧；未经许可不得在站、车内设摊经商，擅自张贴、涂写，散发宣传品。对劝说无效者按有关规定予以处理。

（7）车站应加强对乘客安全乘车行为的督查，发现有危及行车安全、设施设备安全或对其他乘客造成安全影响的行为，必须及时采取措施予以制止；对拒不接受劝阻的乘客，应及时通知公安部门处理。

（8）车站应当按照有关规定和标准，配合做好乘客携带物品的进站安全检查工作，确保良好的进站秩序。

第四节　车站突发大客流的组织

轨道交通线路的走向一般都是客流集中的交通走廊，连接着重要的客流集散点，如铁路车站、汽车客运站、航空港、航运港等交通枢纽，大型商业经济活动中心、体育场、博览会、大剧院等重要文体活动中心，以及规模较大的住宅区等。正因如此，某些特殊车站会不定期地遇到大客流。为了保证乘客的安全和正常的运营秩序，这些车站在客流组织方面应备有完善的运营组织方案和措施。在一定程度上这些方案、措施补救了硬件设施的缺陷。

一、大客流的定义

大客流是指车站在某一时段集中到达的，客流量超过车站正常客运设施或客运组织措施所能承担的流量时的客流。大客流一般在大型文体活动散场时或重要枢纽节假日期间发生。

二、大客流成因

大客流主要是指在轨道交通车站某一运营时段内候车、停留的乘客达到该站站台站厅、上下楼梯、出入口通道、换乘通道等拥堵点的客流容量，且有继续增加趋势，如不采取紧急措施，极有可能引发人员拥挤踩踏等伤亡事故或意外事件等情况。其形成的原因主要包括：

（1）因运能与运量不匹配造成车站短时客流集聚，如早晚高峰、节假日、各类重大社会活动引发的爆发性客流等。

（2）因设备基础条件限制或通行能力不足造成车站局部区域瞬时客流积压，如上下行列车同时到站时楼梯口积压、换乘客流在车站换乘通道交汇换乘等。

（3）因突发故障或事故（件）造成车站客流积压，如设备故障造成运营延误；如遇气候变化、自然灾害、火灾、治安案（事）件、恐怖袭击等情况造成车站乘客滞留拥挤等。

在日常工作中，根据车站日均客流、技术条件、换乘功能等因素，将路网车站分为特大型车站、大型车站、中型车站、小型车站四类车站。根据车站客流拥挤程度和突发案（事）件情况，结合轨道交通日常运营管理和秩序维护工作，将大客流响应按照强度依次递增分为三级、二级、一级三个级别，并分别设定相应的启动条件。

三、大客流预警

（一）监测

（1）运营公司车站按时巡视，关注客流变化，早晚高峰和重点时段加强风险点监控，落实现场客流组织。运营公司落实所辖站点线路常态客流特征排摸、协调组织，及时派人员至现场进行增援。

（2）COCC 和 OCC，加强早晚高峰、重点保障时段路网重点站点或线路客流方向动态运营监控，预判运营秩序及影响范围，加强与线路站点之间的信息沟通。运管中心负责依据客流数据进行线路及路网客流特征分析，根据外界条件变化客流预测。

（3）车站站区民警加强高峰时段车站巡视和客流监控，辅助车站实施现场客流组织工作。轨道交通总队负责日常监控、巡视，对可能出现的客流激增情况进行监测。

（二）预防

（1）运营公司落实车站日常巡视工作，发现客流异常变动及时采取如限流、隔离等有效控制措施。运营公司提前准备车站现场组织措施，确保应急物品提前到位，人力增援有效落实，并配合运管中心做好预见性重大活动工作方案的细化工作。

（2）COCC 和 OCC 根据管辖线路的客流特征，提前调整运营计划，预判运营延误晚点影响区段及时分，发布红黄牌运营信息，并与轨道公交总队指挥中心加强信息互通联动。运营中心对计划性大客流以及可预见的各类节假日、市级重大活动的大客流情况提前调整与运能，根据历史客流数据进行分析，提前实施客流预警，并制订相应运营保障方案。

（3）车站站区民警做好大客流时与车站的信息互通和配合工作。轨道公交总队收集市级重大活动相关信息，对各种可能发生的突发事件进行预测分析，加强与运管中心之间的信息沟通和对接，提前制订安保工作方案，适时采取应对措施。

四、现场指挥体系

（1）运营和公安任何一方启动大客流响应，双方联动协作，加强现场指挥。

（2）启动三级大客流响应时，可由当班站长或车站民警直接启动：

①对高峰时段、节假日、重大活动期间及运营故障引起的大客流疏导，由运营方负责人担任现场指挥员，车站民警配合。

②遇突发案（事）件等引发的大客流时，由车站民警发布启动和撤销指令，并担任现场指挥员，运营方予以积极配合。

（3）启动二级大客流响应时，可由当班站长和站区民警根据现场客流情况直接启动，也可由 OCC 根据故障影响和大客流波及车站范围启动：

①由运营公司相关负责人担任现场指挥员，轨道公安派出所领导协助。

②遇突发案（事）件等引发的大客流时，由轨道公交总队指挥中心发布启动和撤销指令，轨道公安派出所领导担任现场指挥员，运营公司领导协助。

（4）凡启动三级、二级大客流响应时，当轨道公安机关认为现场需要采取强化措施时，现场指挥员可以变更为公安人员，COCC 应根据轨道公交总队要求下达指令。

（5）凡启动一级大客流响应时，车站接 COCC 传达启动通知，由上海申通地铁集团领导与轨道公交总队领导联合指挥。

五、信息传递要求

（一）三级大客流

从启动起，车站值班员每 15min 向线路 OCC、生产调度汇报车站客流情况、采取措施等相关信息。

（二）二级大客流

从启动起，车站值班员每 10min 向线路 OCC、生产调度汇报车站客流情况、采取措施等相关信息。如发生大面积影响车站乘客及设施设备的情况，应立即汇报。

（三）一级大客流

从启动起，车站值班员根据现场情况实时向线路 OCC、生产调度汇报车站客流情况、采取措施等相关信息。

（四）信息流转图

大客流响应信息流转要求如图 2–2 所示。

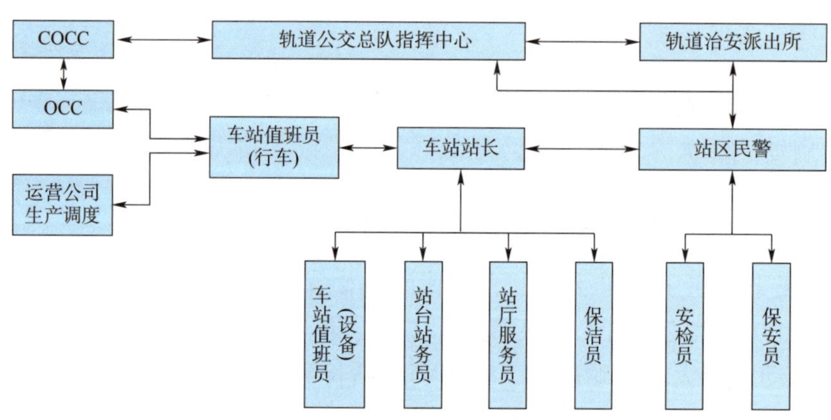

图 2–2　大客流响应信息流转图

六、大客流响应启动条件

（1）凡车站客流量达到车站在站台站厅、上下楼梯、出入口通道、换乘通道等拥堵点客流容量六成且符合下列情形之一的，即满足三级大客流响应启动条件：

①在站台站厅、上下楼梯、出入口通道、换乘通道等处出现 1 处客流拥堵险情点，造成人员通行缓慢，并有继续增加趋势的。

②预判高峰时段特大型车站、大型车站列车延误 5min 以上、中型车站列车延误

20min 以上、小型车站列车延误 30min 以上的，可能造成车站拥堵点险情加剧。

③预判其他时段特大型车站、大型车站列车延误 10min 以上、中型车站列车延误 30min 以上、小型车站列车延误 45min 以上的，且可能造成车站拥堵点险情加剧。

④预判换乘站、枢纽站一条线路列车延误 10min 以上的，且可能造成车站拥堵点险情加剧。

（2）凡车站客流量达到车站在站台站厅、上下楼梯、出入口通道、换乘通道等拥堵点客流容量八成且符合下列情形之一的，即满足二级大客流响应启动条件：

①车站内出现多处客流拥堵险情点，造成站台站厅、上下楼梯、出入口通道、换乘通道等处局部客流通行受阻，且客流继续增加可能造成人员积压无法通行的，并有持续增加趋势的。

②预判高峰时段特大型车站、大型车站列车延误 10min 以上、中型车站列车延误 30min 以上、小型站列车延误 45min 以上的，可能造成车站拥堵点险情加剧。

③预判其他时段特大型车站、大型车站列车延误 30min 以上、中型车站列车延误 45min 以上、小型车站列车延误 60min 以上的，可能造成车站拥堵点险情加剧。

④预判换乘站、枢纽站一条线路列车延误 15min 以上的，可能造成车站拥堵点险情加剧。

⑤发生突发情况，运营列车在同一车站单向连续跳停 3 次以上的，可能造成车站拥堵点险情加剧。

（3）凡客流量达到车站客流容量且符合下列情形之一的，即满足一级大客流响应启动条件：

①车站内出现站台站厅、上下楼梯、出入口通道、换乘通道等处客流通行严重受阻，人员积压无法通行的情况，且客流呈持续增加趋势的。

②预判高峰时段特大型车站、大型车站列车延误 30min 以上、中型车站列车延误 45min 以上、小型车站列车延误 60min 以上的。

③预判换乘站、枢纽站两条（含）以上线路列车延误 20min 以上的。

④发生突发情况，运营列车在同一车站单向连续跳停 5 次以上的。

⑤轨道交通区域发生运营事故、重大险情或治安案（事）件等，造成车站运营中断或部分线路停运的。

七、不同等级大客流响应

（一）三级大客流组织响应

（1）车站：车站是大客流处置工作的责任主体。车站立即组织站内力量在站台站厅、上下楼梯、出入口通道、换乘通道等车站处加强疏导，单向关闭换乘通道、车站进站闸机，对出入口、楼梯实施限流，加强现场广播告知，设置临时导向指示标志，控制客流风险点，统一调配站内力量（含维保、资产人员）增援。落实信息传递，并视情向 OCC 请求调整列车运行方式。对车站启动二级大客流响应预先准备。

（2）民警：立即组织保安等人员到自动扶梯、候车站台、换乘通道、车站出入口等客流拥堵险情点协助车站开展秩序维护，并利用扩音设备加强宣传提示。

（3）OCC：结合现场站点客流滞留趋势及车站运力调整需求，通过“备车加开、始发站放空列车、变更停站时分、变更列车运营交路组织”等运营调整手段，做好计划运营图按图行车执行及运营监控。

（4）COCC：加强路网及重点车站客流监控，做好与媒体管理部门和网络服务热线信息互通，及时跟踪反馈现场动态信息。

（5）媒体管理部门和网络服务热线：加强与乘客沟通、解释和询问答复工作，利用信息发布手段加强宣传和客流引导，并及时向 COCC 反馈乘客动态信息。

（6）运营公司：根据客流情况做好线路间的力量调配的准备。

（7）维保公司：若因设备故障引起的大客流，由维保公司加强设备抢修，预判故障修复时间，尽快恢复设备正常使用。

（8）资产公司：根据车站广播等信息，知晓并掌握现场大客流情况。

（二）二级大客流组织响应

（1）车站：对换乘通道采取单向或双向关闭措施；对出入口、楼梯实施限流；视情关闭部分客运设施；关闭部分商铺、报亭等商业网点；在站台站厅、上下楼梯、出入口通道、换乘通道等处增设人员，加强现场广播告知，设置临时导向指示标志；必要时向 OCC 请求调整列车运行方式（加开、跳停等）。

（2）民警：按照“每个站点不少于 2 名民警”的标准，轨道公交总队指挥中心就近调派增援警力 15min 内赶赴现场，在自动扶梯、候车站台、换乘通道、车站出入口等客流拥堵险情点增加值守岗位和人员数量，加强组织疏导。当车站出现局部或大面积拥堵时，视情指派若干小组进行梯次增援，对可能发生的案（事）件开展控制，配合运营部门客流疏导和应急救援。

（3）OCC：结合现场站点客流滞留趋势及车站运力调整需求，通过“备车加开、始发站放空列车、变更停站时分、变更列车运营交路组织、单向越站运行”等运营调整手段，做好计划运营图调整及运营监控。提升大客流涉及区段运力，缓解站点客流积压滞留，加快线路断面客流输送能力。

（4）COCC：协调相邻线路的OCC，加强相邻线路枢纽车站客流情况监控，适时在轨道交通官网、移动电视、乘客诱导系统（以下简称“TOS”）上发布运营调整信息，加强出行提示诱导。

（5）媒体管理部门和网络服务热线：利用信息发布手段加强宣传、客流引导，做好与乘客沟通、解释和询问答复工作，并每20min向COCC电话反馈乘客动态信息，加强信息互通。

（6）运营公司：根据车站险情点数量，立即安排足够的应急增援力量赶赴现场，并根据客流情况统筹线路间的力量调配，协调站、线之间的力量逐步平移，均衡增援力量。

（7）维保公司：若因设备故障引起的大客流，由维保公司加强设备抢修，预判故障修复时间，尽快恢复设备正常使用。

（8）资产公司：根据车站现场情况关闭部分商业设施。商业服务人员和维保现场值守人员作为应急支援力量，服从车站站长安排。

（三）一级大客流组织响应

（1）车站：停止客运服务，换乘通道双向关闭，各出入口实行“只出不进”管控措施；在重点部位增设疏导岗位及人员，并加强广播宣传引导；车站按规定流程及时上报相关信息。

（2）民警：轨道公交总队在实施二级大客流疏导措施的基础上，按照《关于处置轨道交通区域发生重大突发案（事）件的工作预案》规定，提请市应急联动中心（市公安局指挥中心）采取以下措施：一是启动公安地区“一站一预案”。指令地区公安分局组织增援警力迅速到达指定车站，并在出入口设置警戒线，配合运营部门实行客流“只出不进”措施；根据车站现场指挥点请求，指令地区公安分局增援警力进入车站，协助运营部门在自动扶梯、站台站厅、出入口通道等客流拥堵险情点加强疏导，视情将站内滞留客流向站外疏导，必要时配合运营部门实施清场封站措施。二是疏导地面交通。联系交通委做好调集路面应急短驳车保障，指令沿线地区交警部门开辟应急通道，在路口设立标兵，引导指挥、救援、保障等任务车辆安全、迅速通行，并视情实行区域性临时交通管制和分流措施，落实接驳公交车临时停放、上下客等措施。三是加强治安秩序管理。指令地区公安分局根据现场人流聚集情况，划定警戒区域，设定人员疏散安置点，做好车站出入口周边的治安秩序维护和管理工作。四是视情采取现场救援。一旦发生人员受伤情况，市应急联动中心（市公安局指挥中心）调动市卫计委、消防局等单位到场救治、运送伤员，地区分局通知相关医疗机构做好伤员救治的各项准备。

（3）运营公司：加强现场指挥，及时组织增援力量赶赴现场。在所属公司调配人员有限的基础上，运营单位可向 COCC 提出人员增援申请，由 COCC 通知其他运营单位参与增援。

（4）OCC：结合现场站点客流滞留趋势及车站运力调整需求，通过“备车加开、始发站放空列车、变更停站时分、变更列车运营交路组织（单一交路或大小交路）、双向越站运行”等运营调整手段做好计划运营图调整及运营监控。提升大客流涉及区段运力，缓解站点客流积压滞留，加快线路断面客流输送能力。

（5）COCC：启动相应等级预警，重点监控相邻线路枢纽车站客流情况，并在轨道交通官网、移动电视、TOS 上发布诱导提示信息；协调交通部门启动“公交预案”，并向其及时报告轨道交通运营调整情况。

（6）上海申通集团媒体管理部门和网络服务热线：派员到 COCC 协同开展工作，加强与乘客沟通，做好解释和询问答复工作，与媒体保持良好沟通，并利用信息发布手段加强宣传与告知，及时监控舆情变化情况和乘客集中反映的信息向申通集团指挥部门反馈。

（7）维保公司：组织应急增援力量赶赴指定车站协助现场管理。

第五节　车站客流组织案例分析

案例 2-1　龙阳路站大客流组织方案

一、车站概况

上海地铁龙阳路枢纽站现为一座 4 线换乘的车站，位于浦东新区龙阳路与白杨路及龙汇路的区域内，毗邻上海新国际展览中心和南汇川沙公交集散点。承载 2 号线龙阳路站、7 号线龙阳路站、16 号线龙阳路站、磁浮龙阳路站的换乘工作，日常车站客流数量较大，客流换乘方式复杂。4 座车站地理位置平行，磁浮车站与其他三站非一票换乘，2 号线与 7 号线、11 号线龙阳路站为通道换乘，其中 2 号线与 1

号线换乘通道穿越磁悬浮车站站厅，具体见图 2-3。7 号线与 11 号线换乘必须通过 2 号线站厅，因此 2 号线龙阳路站客流组织较为关键。

二、车站特点

（1）龙阳路枢纽站作为 4 线换乘站，分属运二公司、运三公司、磁浮公司 3 家运营公司管理。各单位优先关注所在线路运营安全，可能较难顾全整座枢纽站的客运组织大局，故设立了应急指挥室，突发大客流情况下由应急指挥室进行换乘站内客流组织指挥工作，各站车站站长进行配合。目前出于 2 号线在枢纽站中的关键性考虑，应急指挥室人员由运二公司派员担任。

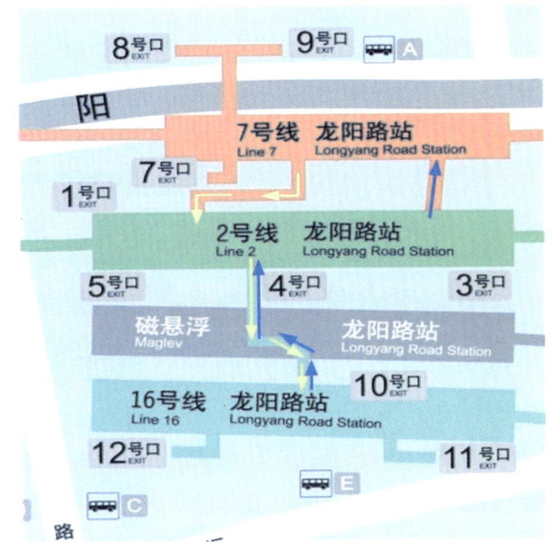

图 2-3 龙阳路枢纽站位置示意图

（2）受 2 号线站厅换乘能力的限制，当枢纽站中任意车站出现二级及以上大客流时，取消通道换乘，直接采用凭证换乘的模式，即组织乘客从专用通道出站，并凭发放的“换乘凭证”（图 2-4）,引导乘客通过地面走行换乘。

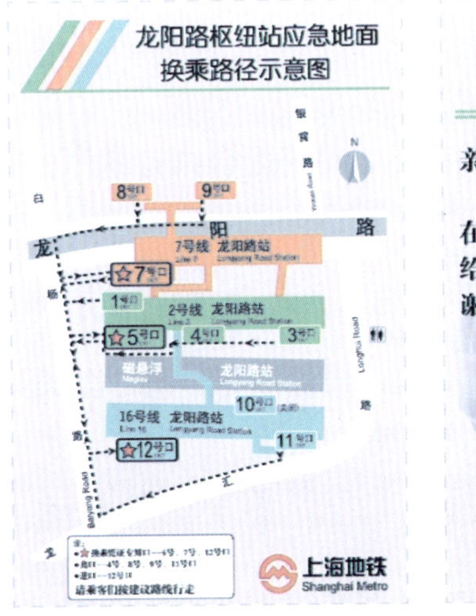

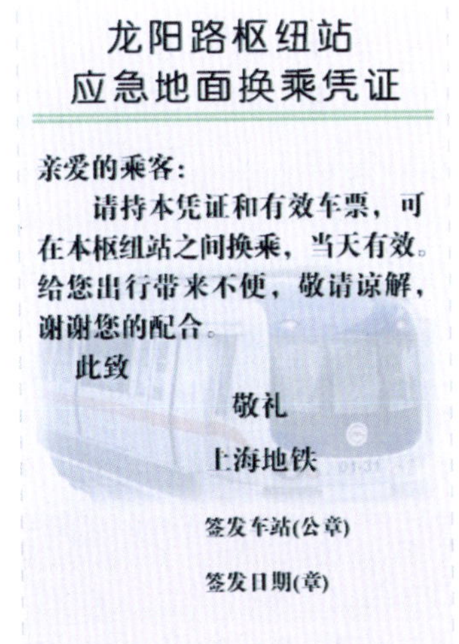

龙阳路枢纽站
应急地面换乘凭证

亲爱的乘客：

请持本凭证和有效车票，可在本枢纽站之间换乘，当天有效。给您出行带来不便，敬请谅解，谢谢您的配合。

此致

敬礼

上海地铁

签发车站(公章)

签发日期(章)

图 2-4 车站换乘凭证

三、案例情况

2015 年 3 月 10 日 11:26 2 号线世纪公园至张江高科上行触网失电，总调布置全线调整为徐泾东至上海科技馆小交路、上海科技馆至广兰路下行列车单线双向运行，故障区段采取地面公交接驳，至 16:37 后恢复正常运营。该事件造成张江高科上行最大晚点 82min，晚点 42 列次，其中 5min 晚点 21 列次，运休 110 列次，清客 10 列次；车站办理退款 34100 元，发放致歉信 6246 封，赠票 109 张；服务热线受理咨询投诉 806 起；故障持续时间 5 小时 11 分，运营影响时间 7 小时 24 分。故障期间，龙阳路、广兰路、华夏东路、川沙、浦东国际机场 5 站启动了二级大客流响应。

案例 2-2　3 号线北延伸早高峰固化限流方案

为提高北延伸车站工作日早高峰时段常态固化限流的效果，有效解决车厢拥堵的状况，现采取以下措施，其中告示牌、告示制作，移动导向牌、高峰保驾人员调配、车站应急护栏的调配均在 3 月 27 日 7 点前落实到位。车站物理隔断在 3 月 28 日 7 点前安装到位。相关宣传册在 29 日前制作完毕并开始发放至限流车站周边社区。

一、长江南路固化限流方案

（一）车站临时限流方案

（1）于 2 号口安排 3 名站务员，由 3 名民警配合维持秩序，在 2 号口外用移动 1m 栏设置两条通道一出一进，限流时段间歇性放行。

（2）于 1 号口安排 1 名站务员，并由 1 名民警配合维持秩序，保持 1 号口只出不进。

（二）车站硬隔离完成后限流方案

（1）在 2 号口安排 3 名站务员，由 3 名民警配合维持秩序，设置 7 条不锈钢通道，其中 2 条为出口，高峰时段开启 2 个出口通道放行，另 5 条通道采取关闭 3 条通道开放 2 条通道，形成站外第一道限流防线。

（2）5 台进站闸机关闭 3 台进站闸机，同时对应开放闸机前 2 个限流通道口，形成第 2 道限流防线。

（3）于 1 号口安排 1 名站务员，并由 1 名民警配合维持秩序，保持 1 号口只出不进。各岗位具体位置如图 2-5 所示。

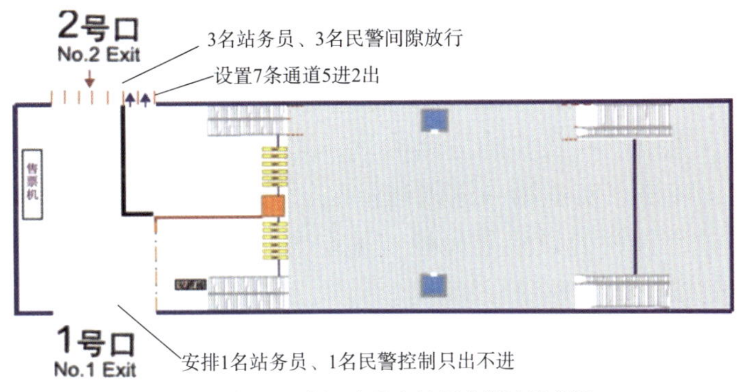

图 2-5 长江南路车站固化限流示意图

二、殷高西路站固化限流方案

（一）车站临时方案

（1）在进口处设置 1m 栏形成 3 条通道，进站闸机关闭 2 台。

（2）进站口安排 3 名站务员，由 3 名民警支援。

（3）出站口安排 1 名站务员，由 1 名民警支援。

（二）车站固化方案

（1）在进口处安装栏杆形成 3 条通道，进站闸机关闭 2 台。站外限流通道开放 2 条，形成站外限流防线。

（2）进站口安排 3 名站务员，由 3 名民警支援。

（3）出站口安排 1 名站务员，由 1 名民警支援。各岗位具体位置如图 2-6 所示。

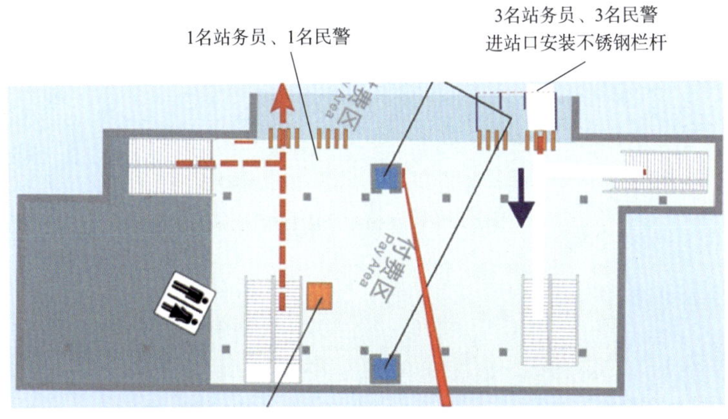

图 2-6 殷高西路车站固化限流示意图

三、江湾镇固化方案

（1）3、7、6 号口关闭，设置告示。

（2）5 号口设置隔离栏杆实施进出分流，同时楼梯口设 4 道限流门，高峰时段，开放 2 扇限流门，在该点实施第一道限流措施。

（3）2 号口过街天桥处设置隔离栏实施单方向进出，同时在天桥楼梯口相应设置限流门，高峰时段关闭 50% 的限流门。

（4）1 号口楼梯口处安装限流栏杆，设 4 条限流通道，高峰时段关闭 2 条通道，在该处形成第一道限流防线。

（5）南北厅进站闸机前安装限流物理隔断，各设置 4 条限流通道，高峰时段仅开放 2 台进站闸机，同时对应开放 2 条限流通道，在该处形成第二道限流防线。

（6）本站共需 4 名警察、2 名保安支援。各岗位具体位置如图 2-7 所示。

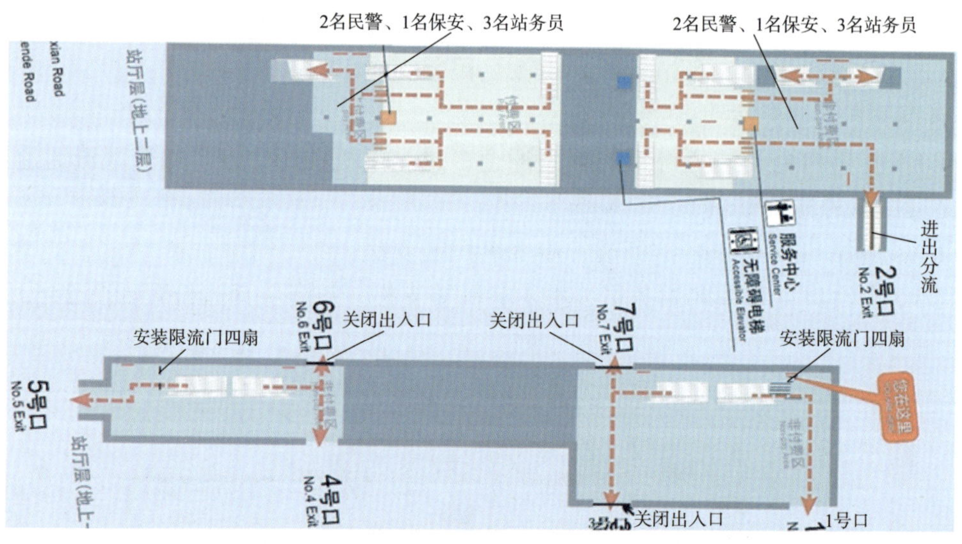

图 2-7　江湾镇车站固化限流示意图

四、告示牌制作

（1）告示牌 1：为保障您的出行安全，本站工作日 7:00~9:00 采取限流措施，限流期间预计排队进站时间 15min 以上，请有序进站，谢谢配合。

（2）告示牌 2：为保障您的出行安全，本站工作日 7:00~9:00 采取限流措施，限流期间，本出入口，只出不进，谢谢配合。

（3）告示牌 3：为保障您的出行安全，本站工作日 7:00~9:00 采取限流措施，限流期间，本出入口，只进不出，谢谢配合。

（4）贴在车站的较大尺寸的告示：为保障您的出行安全，本站工作日 7:00~9:00 采取限流，带来不便，敬请谅解。

五、制作宣传册

（1）由客服部制作宣传册，并安排至限流车站的周边社区发放，做好友情提示与宣传。

（2）主动与车站周边的各社区联系，尽量安排志愿者在早高峰限流时段支援车站。

六、人员安排

（1）安排机关人员支援长江南路、殷高西路、江湾镇。

（2）调配三号线其他车站每个工作日 8 人支援长江南路、殷高西路、江湾镇早高峰限流。

复习思考题

一、乘客乘坐地铁的一次流程是怎样的?

答：乘客乘坐地铁的一次流程为：①进站；②服务中心；③购票；④检票；⑤候车；⑥列车乘坐；⑦验票；⑧出站；⑨换乘。

二、车站三级、二级、一级三个级别的大客流响应，各自的启动条件和响应措施是什么?

答：1. 启动条件

（1）凡车站客流量达到车站在站台站厅、上下楼梯、出入口通道、换乘通道等拥堵点客流容量六成且符合下列情形之一的，即满足三级大客流响应启动条件。

①在站台站厅、上下楼梯、出入口通道、换乘通道等处出现 1 处客流拥堵险情点，造成人员通行缓慢，并有继续增加趋势的。

②预判高峰时段特大型车站、大型车站列车延误 5min 以上、中型车站列车延误

20min 以上、小型车站列车延误 30min 以上的，可能造成车站拥堵点险情加剧。

③预判其他时段特大型车站、大型车站列车延误 10min 以上、中型车站列车延误 30min 以上、小型车站列车延误 45min 以上的，且可能造成车站拥堵点险情加剧。

④预判换乘站、枢纽站一条线路列车延误 10min 以上的，且可能造成车站拥堵点险情加剧。

（2）凡车站客流量达到车站在站台站厅、上下楼梯、出入口通道、换乘通道等拥堵点客流容量八成且符合下列情形之一的，即满足二级大客流响应启动条件：

①车站内出现多处客流拥堵险情点，造成站台站厅、上下楼梯、出入口通道、换乘通道等处局部客流通行受阻，且客流继续增加可能造成人员积压无法通行的，并有持续增加趋势的。

②预判高峰时段特大型车站、大型车站列车延误 10min 以上、中型车站列车延误 30min 以上、小型站列车延误 45min 以上的，可能造成车站拥堵点险情加剧。

③预判其他时段特大型车站、大型车站列车延误 30min 以上、中型车站列车延误 45min 以上、小型车站列车延误 60min 以上的，可能造成车站拥堵点险情加剧。

④预判换乘站、枢纽站一条线路列车延误 15min 以上的，可能造成车站拥堵点险情加剧。

⑤发生突发情况，运营列车在同一车站单向连续跳停 3 次以上的，可能造成车站拥堵点险情加剧。

（3）凡客流量达到车站客流容量且符合下列情形之一的，即满足一级大客流响应启动条件：

①车站内出现站台站厅、上下楼梯、出入口通道、换乘通道等处客流通行严重受阻，人员积压无法通行的情况，且客流呈持续增加趋势的。

②预判高峰时段特大型车站、大型车站列车延误 30min 以上、中型车站列车延误 45min 以上、小型车站列车延误 60min 以上的。

③预判换乘站、枢纽站两条（含）以上线路列车延误 20min 以上的。

④发生突发情况，运营列车在同一车站单向连续跳停 5 次以上的。

⑤轨道交通区域发生运营事故、重大险情或治安案（事）件等，造成车站运营中断或部分线路停运的。

2. 响应措施

1）三级大客流组织响应

（1）车站：车站是大客流处置工作的责任主体。车站立即组织站内力量在站台站厅、上下楼梯、出入口通道、换乘通道等车站处加强疏导，单向关闭换乘通道、车站进站闸机，对出入口、楼梯实施限流，加强现场广播告知，设置临时导向指示标志，控制客流风险点，统一调配站内力量（含维保、资产人员）增援。落实信息传递，并视情向OCC请求调整列车运行方式。对车站启动二级大客流响应预先准备。

（2）民警：立即组织保安等人员到自动扶梯、候车站台、换乘通道、车站出入口等客流拥堵险情点协助车站开展秩序维护，并利用扩音设备加强宣传提示。

（3）OCC：结合现场站点客流滞留趋势及车站运力调整需求，通过“备车加开、始发站放空列车、变更停站时分、变更列车运营交路组织”等运营调整手段做好计划运营图按图行车执行及运营监控。

（4）COCC：加强路网及重点车站客流监控，做好与媒体管理部门和网络服务热线信息互通，及时跟踪反馈现场动态信息。

（5）媒体管理部门和网络服务热线：加强与乘客沟通、解释和询问答复工作，利用信息发布手段加强宣传和客流引导，并及时向COCC反馈乘客动态信息。

（6）运营公司：根据客流情况做好线路间的力量调配的准备。

（7）维保公司：若因设备故障引起的大客流，由维保公司加强设备抢修，预判故障修复时间，尽快恢复设备正常使用。

（8）资产公司：根据车站广播等信息，知晓并掌握现场大客流情况。

2）二级大客流组织响应

（1）车站：对换乘通道采取单向或双向关闭措施；对出入口、楼梯实施限流；视情关闭部分客运设施；关闭部分商铺、报亭等商业网点；在站台站厅、上下楼梯、出入口通道、换乘通道等处增设人员，加强现场广播告知，设置临时导向指示标志；必要时向OCC请求调整列车运行方式（加开、跳停等）。

（2）民警：按照“每个站点不少于2名民警”的标准，轨道公交总队指挥中心就近调派增援警力15min内赶赴现场，在自动扶梯、候车站台、换乘通道、车站出入口等客流拥堵险情点增加值守岗位和人员数量，加强组织疏导。当车站出现局部或大面积拥堵时，视情指派若干小组进行梯次增援，对可能发生的案（事）件开展控制，配合运营部门客流疏导和应急救援。

（3）OCC：结合现场站点客流滞留趋势及车站运力调整需求，通过“备车加开、始发站放空列车、变更停站时分、变更列车运营交路组织、单向越站运行”等运营调整手段做好计划运营图调整及运营监控。提升大客流涉及区段运力，缓解站点客流积压滞留，加快线路断面客流输送能力。

（4）COCC：协调相邻线路的OCC，加强相邻线路枢纽车站客流情况监控，适时在轨道交通官网、移动电视、乘客诱导系统（以下简称“TOS”）上发布运营调整信息，加强出行提示诱导。

（5）媒体管理部门和网络服务热线：利用信息发布手段加强宣传、客流引导，做好与乘客沟通、解释和询问答复工作，并每20min向COCC电话反馈乘客动态信息，加强信息互通。

（6）运营公司：根据车站险情点数量，立即安排足够的应急增援力量赶赴现场，并根据客流情况统筹线路间的力量调配，协调站、线之间的力量逐步平移，均衡增援力量。

（7）维保公司：若因设备故障引起的大客流，由维保公司加强设备抢修，预判故障修复时间，尽快恢复设备正常使用。

（8）资产公司：根据车站现场情况关闭部分商业设施。商业服务人员和维保现场值守人员作为应急支援力量，服从车站车站站长安排。

3）一级大客流组织响应

（1）车站：停止客运服务，换乘通道双向关闭，各出入口实行“只出不进”管控措施；在重点部位增设疏导岗位及人员，并加强广播宣传引导；车站按规定流程及时上报相关信息。

（2）民警：轨道公交总队在实施二级大客流疏导措施的基础上，按照《关于处置轨道交通区域发生重大突发案（事）件的工作预案》规定，提请市应急联动中心（市公安局指挥中心）采取以下措施：一是启动公安地区“一站一预案”。指令地区公安分局组织增援警力迅速到达指定车站，并在出入口设置警戒线，配合运营部门实行客流“只出不进”措施；根据车站现场指挥点请求，指令地区公安分局增援警力进入车站，协助运营部门在自动扶梯、站台站厅、出入口通道等客流拥堵险情点加强疏导，视情将站内滞留客流向站外疏导，必要时配合运营部门实施清场封站措施。二是疏导地面交通。联系交通委做好调集路面应急短驳车保障，指令沿线地区交警部门开辟应急通道，在路口设立标兵，引导指挥、救援、保障等任务车辆安全、迅速通行，并视情实行区域性临时交通管制和分流措施，落实接驳公交车临时停放、上下客等措施。三是加强治安秩序管理。指令地区公安分局根据现场人流聚集情况，划定警戒区域，设定人员疏散安置点，做好车站出入口周边的治安秩序维护和管理工作。四是视情采取现场救援。一旦发生人员受伤情况，市应急联动中心（市公安局指挥中心）调动市卫计委、消防局等单位到场救治、运送伤员，地区分局通知相关医疗机构做好伤员救治的各项准备。

（3）运营公司：加强现场指挥，及时组织增援力量赶赴现场。在所属公司调配人员有限的基础上，运营单位可向COCC提出人员增援申请，由COCC通知其他运营单位参与增援。

（4）OCC：结合现场站点客流滞留趋势及车站运力调整需求，通过“备车加开、始发站放空列车、变更停站时分、变更列车运营交路组织（单一交路或大小交路）、双向越站运行”等运营调整手段做好计划运营图调整及运营监控。提升大客流涉及区段运力，缓解站点客流积压滞留，加快线路断面客流输送能力。

（5）COCC：启动相应等级预警，重点监控相邻线路枢纽车站客流情况，并在轨道交通官网、移动电视、TOS上发布诱导提示信息；协调交通部门启动“公交预案”，并向其及时报告轨道交通运营调整情况。

（6）上海申通集团媒体管理部门和网络服务热线：派员到COCC协同开展工作，加强与乘客沟通，做好解释和询问答复工作，与媒体保持良好沟通，并利用信息发布手段加强宣传与告知，及时监控舆情变化情况和乘客集中反映的信息向申通集团指挥部门反馈。

（7）维保公司：组织应急增援力量赶赴指定车站协助现场管理。

第三章　服 务 管 理

★熟悉掌握轨道交通客运服务规范与依据；

★正确理解和处理乘客投诉和媒体接待；

★了解星级评定、服务品牌创建。

第一节　服务规章制度

一、服务行政法规

上海城市轨道交通服务必须首要贯彻《上海轨道交通管理条例》（以下简称新条例），新版的轨交条例于 2013 年 11 月 21 日由上海市第十四届人民代表大会常务委员会第九次会议审议通过修订，自 2014 年 1 月 1 日起正式施行。

根据本市轨道交通发展的新形势，新条例对原条例 7 章 52 条的内容均作了不同程度的修订，现分 6 章 56 条，一大显著的变化即是将原运营管理、设施管理、伤亡事故处理等章节，调整为运营服务和安全管理两章，在主要内容上侧重于提升运营服务和强化安全管理的内容。

新条例规定，上海市轨道交通实行“统一规划、配套建设、安全运营、规范服务”的原则，突出了轨道交通以安全运营和提升服务为本的理念。

新条例中与车站服务有关的规定：

（1）服务标志设置：应当按照有关标准和规定，在车站周边、车站出入口以及车站内设置轨道交通导向标志、安全标志等运营服务标志，并做好日常养护工作。

（2）无障碍设施设置：应当按照国家和本市规定的标准和要求，在轨道交通车站配套建设无障碍设施，设置指导和提示标志，并进行日常养护和维修。

（3）运营信息服务：应当通过广播、电子显示屏等向乘客提供列车到达、间隔以及安全提示等信息；在车站醒目处公布首末班车行车时刻、列车运行状况提示和换乘指示；车站工作人员在接受乘客问讯时，应当及时准确提供解答；需要调整首末班车行车时间，或者发生非正常情况、设施故障影响正常运营时，及时通过多种信息发布手段对乘客进行告知。

（4）站务管理：建立车站卫生保洁制度，保持站内设施和车厢清洁，出入口和通道畅通；建立急救协助制度，按照规定在车站配备医药箱；建立紧急关闭装置巡查制度，轨道交通运营期间遇有紧急情况时，及时启动紧急关闭装置。

（5）故障退票：因故障不能正常运行 15min 以上的，应当出具延误证明，乘客有权持有效车票要求轨道交通企业按照原票价退还票款。

（6）逃票处罚：对于乘客无车票或者持无效车票乘车的，可以按照轨道交通网络单程最高票价补收票款，并可加收 5 倍票款；冒用他人证件、使用伪造证件乘车者，处 50 元以上 500 元以下罚款，有关信息可以纳入个人信用信息系统。

（7）商业网点设置：应当符合运营安全、方便乘客、统筹规划、因地制宜的要求，禁止在车站出入口、站台及通道设置商业网点，广告设施、商业网点的设置作业或者维护作业应当在非运营期间进行。

（8）安全措施：应当设置报警、灭火、逃生、防汛、防爆、防护监视、紧急疏散照明、救援等器材和设备，定期检查、维护，按期更新，并保持完好；开展日常安全隐患排查，并定期对轨道交通设施进行安全检查，发现安全隐患的，应当及时消除。

（9）应急管理：应当编制具体应急预案，并定期组织运营应急演练；发生自然灾害、恶劣气象条件或者发生运营安全事故以及其他突发事件时，相关行政管理部门和轨道交通企业应当及时启动应急预案进行处置。

（10）大客流组织：因节假日、大型群众活动等原因造成客流量上升的，应当及时增加运力，疏导乘客；当发生轨道交通客流量激增而可能危及运营安全等紧急情况时，应当采取限制客流量的措施，确保运营安全；采取限制客流量等措施后仍然无法保证运营安全时，轨道交通企业可以停止轨道交通线路部分区段或者全线的运营，并应当立即报告市交通行政管理部门；采取限制客流量、停运措施，造成客流大量积压的，市交通行政管理部门应当组织采取疏运等应对措施。

二、运营服务规范

《上海市轨道交通运营服务规范》（以下简称规范）是于 2015 年 3 月 19 日经上海市交通委第 3 次委主任办公室会议审议通过，自 2015 年 6 月 1 日起施行。目的是加强本市轨道交通的运营管理，规范运营服务标准，提高服务工作质量，保障乘客合法权益，依据《上海市轨道交通管理条例》《上海市轨道交通运营安全管理办法》等法规、规章制订，共分 8 章 34 条。

1. 运营时间的规定

（1）轨道交通线路全天运营时间应不少于 16h。

（2）轨道交通线路首班车始发站发车时间不晚于 6:00，末班车始发站发车时间不早于 22:00。

（3）轨道交通企业应向社会公开首末班车时间（含换乘首末班车）、运营间隔。

（4）运营间隔时间大于 10min 以上的，应通过企业网站等渠道公示车站列车时刻表。

（5）列车停站时间，应根据车站性质、客流等数据进行计算确定。

2. 运营调整通告的规定

（1）遇国定节假日、大型群众活动，轨道交通企业应根据客流情况适当延长运营时间，满足乘客出行需要。

（2）因节假日、大型群众活动等引起客流上升时，需要采取封闭车站、延长运营时间措施时，应提前 3 天向社会公告。

（3）调整首末班车行车时间或者发生设施设备故障等影响正常运营的突发情况时，及时通过多种信息发布手段对乘客进行告知。

（4）轨道交通企业因运营突发事件无法保证运营安全时，可暂停事发线路或区段运营，及时告知公众和乘客，迅速有序组织乘客疏散，并按规定向有关部门报告。

3. 信息告知的规定

（1）轨道交通企业应通过网络、车站公告、站台广播、电子显示屏等渠道向乘客提供线路、车站、首末班车时间（换乘时间）、换乘路径、列车到达时间、行车间隔、目的地以及安全提示等信息。

（2）车站出入口、服务中心、站台应提供轨道交通网络示意图、线路示意图，公示本车站首末班车时间、列车运行状况和换乘指示，提供本站出入口、公交站点等位置信息。

（3）车站出入口、站台、换乘通道，应标示无障碍设施的位置信息等。

（4）轨道交通导向标志的设置，应遵循统一、规范、简明、连贯的原则，不妨碍乘客通行。

（5）紧急出口标志、消防设施标志等特殊情况下的导向信息，应标注在醒目位置，并不得缺损、遮挡和覆盖。

4. 站车环境的规定

（1）轨道交通企业应制订列车、车站巡查制度。

（2）轨道交通企业应加强运营服务区域环境整治，实施垃圾分类管理。

（3）车站的站台、站厅设置适量的分类废物箱，并定期清洁。

5. 票务服务的规定

（1）轨道交通企业应按规定制订票务管理制度，向乘客公示票价表、票务处理规则。

（2）轨道交通自动售票机应标有操作说明，方便乘客查询出行路径、票价、首末班车与换乘时间。

6. 运营安全的规定

（1）轨道交通企业应在车站内公示禁止乘客携带危险物品名录。

（2）安全检查人员在安全检查中发现有携带危险物品的，应拒绝其进站、乘车；不听劝阻，坚持携带危险物品进站的，轨道交通企业应立即按照规定采取安全措施，并及时报告公安部门依法处理。

（3）列车车门或屏蔽门（安全门）的开启、关闭前应有明显的声光提示。

（4）运营期间应加强站台监护，遇有紧急情况时及时启动紧急关闭装置。

7. 电梯、无障碍设施设置的规定

（1）电梯、自动扶梯应按特种设备相关规范进行定期检查，并张贴安全检验合格证。

（2）自动扶梯应有明确的运行方向指示，并在两端配备紧急停车开关。

（3）自动扶梯的出入口应有开阔的空间，入口处应有明确的安全警示并张贴使用须知。

（4）轨道交通企业应在运营前对电梯、自动扶梯进行例行检查，确认其外观完整无损，安全标志齐全，运行正常、平稳、无异味、无异响、无异常振动后方可开启。

（5）车站应设置无障碍设施，方便老弱病残孕和需要帮助的乘客进出车站和换乘，必要时应采取人工服务。

（6）车站应确保无障碍设施正常使用、状态良好。

（7）车站应设置无障碍电梯和设施的导向提示，方便乘客辨识设施所处方位。

8. 服务人员的基本要求

（1）服务人员需经系统培训，掌握岗位操作技能与应急处置要求，考核合格，方可持证上岗。

（2）对服务人员严格执行首问负责制，接待乘客问询时有问必答，尽力为乘客提供必要的帮助，提倡使用地方方言提供个性化服务。

三、乘客守则

根据《上海市轨道交通管理条例》第二十九条规定，制订《上海市轨道交通乘客守则》（以下简称乘客守则），自 2014 年 1 月 1 日起实施，凡进站、乘车的乘客，均应当遵守乘客守则。

根据市民乘客的意见，与老版的乘客守则相比，新乘客守则主要修订了以下几点：

（一）免费乘车儿童身高

乘客可以免费带领一名身高 1.3 m（含 1.3m）以下的儿童乘车，超过一名的按超过人数购票。无成年人带领的学龄前儿童不得单独乘车。

（二）乘客携带物品的尺寸

乘客携带的物品重量不得超过 23 kg，体积不得超过 0.2m^3，长度不得超过 1.7m，并不得影响其他乘客乘车。

案例：轨道交通乘客守则在运营中的应用。

某日有市民乘客向地铁服务热线反映，称其所乘坐的地铁车厢内有一位乘客携带大型货物，如图 3-1 所示，由于货物太大占据了整个车门，致使其他乘客无法从该车门下车。

图 3-1 乘客携带超大行李乘坐地铁

根据《轨道交通乘客守则》，乘客携带的物品重量不得超过 23kg，体积不得超过 0.2 m^3，长度不得超过 1.7 m，并不得影响其他乘客乘车。车站站务人员发现乘客携带的物品超过《轨道交通乘客守则》规定，应按规阻止乘客进站，避免影响其他乘客乘车。

（三）导盲犬是否可进站

禁止乘客携带活禽以及猫、狗等宠物进站，但导盲犬除外。

（四）禁止折叠式自行车进站

禁止乘客携带自行车进站，含折叠式自行车。

（五）车厢内禁止饮食

乘客应当自觉保持车站、车厢的文明卫生，不得在列车车厢内饮食、大声喧哗，不得踩踏车站和车厢内座席。

注：《上海轨道交通管理条例》（2014 版）、《上海市轨道交通运营服务规范》、《上海市轨道交通乘客守则》（2014 版）全文内容详见附录一 ~ 附录三。

第二节 乘客投诉处理

城市轨道交通企业作为一个服务性行业以及公共交通设施的特点，决定了它无法避免投诉。正确认识、妥善接待和处理投诉是良好的企业形象和一流企业管理水平的体现。为了不断改进运营服务工作，提高运营服务质量，切实维护轨道交通的声誉，车站必须加强对投诉工作的管理。乘客与轨道交通服务的关系如图 3–2 所示。

图 3–2 乘客与轨道交通服务的关系

一、乘客投诉的定义

乘客是我们服务的主体。乘客投诉是指当乘客乘坐轨道交通时，对出行本身和企业的服务都抱有良好的愿望和期盼值，如果这些愿望和要求得不到满足，就会失去心理平衡，由此产生的抱怨和不满的行为，这就是乘客的投诉。乘客投诉产生的过程如图 3–3 所示。

乘客上门投诉只是最终投诉的结果，实际上投诉之前就已经产生了潜在化的抱怨，即列车运行或者服务存在某种缺陷。潜在化的抱怨随着时间推移就变成显在化的抱怨，而显在化的抱怨即将转化为投诉。

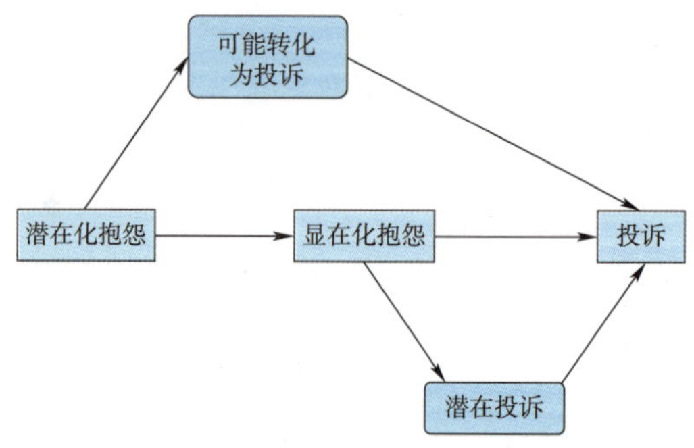

图 3-3 乘客投诉产生的过程

二、投诉的起因

投诉的原因众多，主要有以下几个方面：

（1）设备设施故障影响出行。

（2）服务人员态度不佳，服务质量问题。

（3）乘客对于企业经营方式及策略的不认同。

（4）乘客对企业服务的衡量尺度与企业自身不同。

三、如何看待投诉

（1）重视投诉——在服务工作中投诉是不可避免的，通过投诉往往可以暴露企业管理的薄弱环节。

（2）欢迎投诉——投诉是乘客给我们的礼物，对提高服务质量和管理水平起着促进作用。

四、妥善处理乘客投诉

（1）处理投诉的有关人员必须牢固树立“乘客至上，服务为本”以及双赢的思想，并具有一定的轨道交通运营管理的专业知识和经验，了解企业的有关规章制度。

（2）正确处理投诉首先应遵循一个原则：先处理情感，后处理事件。

（3）注意三个要点，即站在乘客的角度加以理解，站在第三者的角度加以评价，站在企业的角度加以讲解。

（4）在受理投诉时，应做到态度亲切，语言得体，依章解释，及时处理，按时回复。

（5）妥善处理投诉的六大要点如下：

①承认乘客投诉的事情是真实的。

为了解乘客所提出的问题，必须认真地听取乘客的叙述，使乘客感到管理者十分重视他的问题。接待者要注视乘客，不时地点头示意，让乘客明白“车站的管理者在认真听取我的意见”，而且听取乘客意见的代表要不时地说，“我理解，我明白，一定认真处理这件事情”。

为了使乘客能逐渐消气息怒，接待者可以用自己的语言重复客人的投诉或抱怨内容，若遇上非常认真的投诉乘客，在听取乘客意见时，还应做一些听取意见记录，以示对乘客的尊重及对反映问题的重视。

②对乘客表示同情和歉意。

首先要让乘客了解，你非常关心他的情况以及那些服务是否令人满意。如果乘客在谈问题时表示得十分认真，应不时地表示对乘客的同情，如：“我们非常遗憾，非常抱歉地听到此事，我们理解你现在心情……”

假如车站对乘客提出的抱怨或投诉事宜负责，或者车站将予一定赔偿，这时车站就要向乘客表示歉意并说：“我们非常抱歉，我们将对此事负责，感谢你对我们车站提出的宝贵意见。”

③同意乘客要求并决定采取措施。

接待者要完全理解和明白乘客为什么抱怨和投诉；同时当决定要采取行动纠正错误时，接待者一定要让乘客知道并同意企业打算采取的处理决定及具体措施内容。

如果乘客不知道或不同意这一处理决定，就不要盲目采取行动。首先，要十分有礼貌地告知乘客将要采取的措施，并尽可能让乘客同意，这样才有可能使乘客的抱怨变为满意，并使乘客产生感激的心情。例如，可以按下列的方式征求乘客对所采取改正措施的同意：

“××先生，我将这样去做，您看是否合适？”

“××小姐，我将这样去安排，您是否满意？”

④感激乘客的批评指教。

接待者应经常感谢那些对城市轨道交通服务水平或服务水准提出批评指导意见的乘客，因为这些批评指导意见或投诉会协助企业提高管理水平和服务质量。

假若乘客遇到不满意的服务，他不向车站反映，也不做任何投诉，但是他作为乘坐过城市轨道交通的乘客，将经历讲给其他乘客或朋友听，这样就会极大地影响城市轨道交通的声誉和形象。当车站遇到乘客的批评、抱怨甚至投诉时，不仅要欢迎，而且要感谢。

⑤快速采取行为，补偿乘客投诉损失。

当乘客完全同意接待者所采取的改进措施时，要立即予以实施，一定不要拖延时间。耽误时间只能进一步引起乘客不满，此时此刻，高效率就是对乘客的最大尊重，否则就是对乘客的漠视。

⑥要落实、监督、检查补偿乘客投诉的具体措施。

处理乘客投诉并获得良好效果，其中最重要的一环便是落实、监督、检查已经采取的纠正措施。首先，要确保改进措施的进展情况；再者，要使服务水准及服务设施均处在最佳状态；最后，再用电话问明乘客的满意程度。对待投诉乘客的最高恭维，莫过于对他的关心。许多对城市轨道交通怀有感激之情的乘客，往往是那些因投诉问题得到妥善处理而感到满意的乘客。

投诉乘客的最终满意程度，主要是取决于服务人员对他公开抱怨后所采取的特殊关怀和关心的程度。另外车站所有管理人员和站务员也必须确信，乘客，包括那些投诉的乘客，都是有感情的，也是通情达理的。城市轨道交通的广泛赞誉及其社会名誉是来自城市轨道交通站务员本身的诚实、准确、细腻的感情及勤奋的服务。

值得一提的是，在处理投诉的过程中，我们会遇到不同类型的乘客，那时应当随机应变、灵活处理。例如，处理发怒型乘客的投诉一定要保持冷静，态度要沉着、诚恳，语调要略低，要和蔼、亲切，因为如果你举止激烈，乘客会受影响而变得更激动。你要让乘客在这段时间里慢慢静下来，应当以听取乘客述说问题和表示歉意为主。在乘客平静下来以后，他自然会主动要求你谈谈处理意见，这时让乘客得到安慰和适当补偿一般都可以解决问题。

第三节　乘客投诉案例分析

设施设备问题引发事后乘客投诉的数量不在少数。在设施设备故障无法及时处理时，更加需要的是服务人员对乘客的耐性。在乘客寻求帮助时，要求服务人员能尽可能地帮助乘客，以满足乘客期望。这时，服务技巧在整个处理环节中就显得尤为重要。

以下，通过几个典型案例，对此类型问题展开讨论。

一、设备故障服务人员未予妥善处置引起的投诉

案例 3-1 半自动售票机（Booking Office Machine，简称 BOM）不能充值

乘客到车站要求为公交卡加值，来到临时加开的应急窗口充值 50 元，因该窗口无计算机，见习售票员不予受理且态度生硬，乘客当时就指出他态度恶劣。后旁边窗口的带教师傅为乘客办理了充值，乘客告诉她见习售票员态度不好。师傅虽做了解释，但过程中未使用文明用语，且解释不清，乘客不满，事后投诉。

（1）分析

①临时设置的应急窗口无计算机，不能为乘客提供加值服务。

②服务人员在做解释工作时态度生硬。

③虽然带教师傅为乘客提供了充值服务，但过程中未使用文明用语，解释工作未做到位。

（2）可采取措施

①当服务人员无法满足乘客提出的合理需求时，不能有“设备限制，与我本人无关”的想法，应从乘客第一、便民服务出发，及时帮助乘客解决问题，取得乘客的理解。

②乘客当场表示不满，实际是给车站一个补救机会挽回乘客的信任。车站应当抓住这一机会安抚乘客情绪，并给出整改措施，以化解这一乘客抱怨。

③见习售票员在向乘客说明本窗口不能充值时，应先说“对不起”，再给予解决，取得乘客谅解。

④乘客指出见习售票员态度欠佳，带教师傅代为服务时，应当及时补位，使用“对不起”“请”等文明用语，尽快为该乘客处理好票卡，用规范文明的服务用语来展现真诚的服务态度，以达到乘客满意。

（3）服务关键词。

及时补位，十字文明用语。

案例 3-2 闸机反应速度慢

乘客于 18：15 分左右在某站出站时，刷了几次公交卡，闸机都没反应，无法出站。乘客把卡拿给工作人员看，她随手放在一台出站闸机上刷，却成功了。于是对乘客说：“你不会换台机器啊！”随后还朝她白了一眼。乘客对此服务不满。

（1）分析

①对乘客而言，设备性能不够卓越就是轨道交通运营的不足。作为轨道交通服务人员，应当清楚地认识到这一点。

②高峰时间，因设备问题耽误出行时间，即使只有短短的一两分钟，但乘客因此感到焦急。这种心情可以理解。

③一旦有乘客对此表现出不满，应立即代表轨道交通表示歉意。而不应抱有“设备不够好，没办法，也不是我的责任”这样的想法，避免将乘客的不满进一步扩大。

（2）可采取措施

①要立即向乘客表示歉意。

②有必要解释设备故障的原因，满足乘客的“知情权”。

③要有“补过”的心态，用快速优质的服务来尽量弥补设备故障给乘客带来的不便。

④由于设备原因导致的乘客不满，还要求车站应及时了解设备状况，发现问题及时处理，确保车站服务设备正常使用。

（3）服务关键词

设备不足通过服务弥补。

二、服务人员自身问题引起的投诉

案例 3–3

乘客到售票窗口欲办理交通卡移资，看到窗口无人排队，而售票员低头做账，无任何告知。乘客等了一分钟，问：“大概要等多久？”售票员态度生硬地说：“没看到我在做事啊？”接着乘客又等了两、三分钟，窗口有数人排队了，售票员才开始办理移资。乘客表示不满。

（1）分析

①售票员未做到主动服务，未遵循首问责任制。

②售票员态度生硬。

③在乘客表示不满时，未做补救服务。

（2）可采取措施

①“乘客至上，服务为本。”在服务工作中，为乘客提供快捷、便利的服务始终是需要遵循的服务宗旨。

②对于乘客提问，切忌用反问的语气回答，应遵循首问责任制。反问容易给乘客造成“责问”的印象，是服务大忌。

③当看到乘客来到窗口，应立即主动提供服务。确有特殊原因时，应当礼貌地向乘客作解释，得到乘客谅解，并应该尽快处理好手中工作，尽早为下一位乘客提供服务。

（3）服务关键词

乘客至上，首问责任制。

案例 3–4

乘客购买 3 元单程票后无法进站，回去找售票员。售票员分析后说车票没问题。乘客急着上班，说：“既然没问题，你帮我换一张”。售票员于是捧了一堆车票摊在乘客面前说：“你自己挑。”乘客很不满。

（1）分析

问题在于，在乘客提出“换一张”的要求时，售票员未达到服务标准要求，而是在乘客寻求帮助时，让乘客做选择题。

（2）可采取措施

①服务，就是满足或超越乘客期待的过程。当乘客已明确提出“换一张”这一期待时，站务员应及时满足，而不是让乘客做选择题。

②端正的服务态度是提供满意服务的前提。站务员没有扮演好自己的角色，反而给乘客提要求，是服务员内心不友善的外在表现。在工作中应当杜绝这种态度。

③及时更换一张车票，在计算机上分析为可用票后提醒乘客看显示屏确认，将车票礼貌地递交给乘客。

（3）服务关键词

满足期待，端正态度。

案例 3–5

一名贩卖演唱会门票的“黄牛”拦住两名将要出站的乘客，取走他们的车票后示意站务员开专用通道门放走两人，并把票交给站务员分析。站务员对此过程未做阻止，且分析车票后又交还给“黄牛”。此事被旁观乘客投诉，认为站务员可能与“黄牛”是一伙的。

（1）分析

服务人员未对自己的责任区进行管理，对“黄牛”行为视而不见。

（2）可采取措施

①服务人员既是为乘客提供服务的服务者，也是车站客运秩序的管理者。因此，站务员要有管理意识，对于妨碍正常客运秩序的行为，一定要及时制止，避免造成乘客的损害。消极的“不作为”，其实是在加重乘客的损害。

②在列车到站间隙，加强巡视，密切关注进出站闸机间乘客的动向。发现有异常的，应及时过问、处理。

③注意交流时的态度、用语，要做到得理让人。如遇到威胁或恐吓等，可向车站站长或警务站民警求助。

（3）服务关键词

管理意识，杜绝“不作为”。

三、其他问题引发的投诉

案例 3–6

站务员看到一名乘客坐轮椅出站，十分不便，便主动提出帮助乘客，把轮椅推到出入口外。乘客欣然同意。结果在推行的过程中，由于用力不当，导致轮椅翻倒，乘客受伤。

（1）分析

①乘客的需求分为三个层次。第一层次的需求是及时乘车，第二层次的需求是安全、方便地乘行。而一些有特殊困难的乘客的需求，则是最高层次的。满足这部分乘客的特殊需求，最能体现优质服务，体现服务人员高尚的职业道德情操。

②但对于这类乘客，一定要给予区别于一般乘客，更多的关怀，予以特殊照顾，才能满足他们的需求。不可疏忽冒失，弄巧成拙。

（2）可采取措施

若有家属陪同，需掌握好服务的“度”，配合家属将乘客小心护送出站。

（3）服务关键词

特殊乘客，特殊照顾，服务有“度”。

案例 3–7

一女乘客到某车站加值，站务员在和乘客确认加值金额时，乘客指出站务员声音太“嗲”，引起周边乘客议论，说女乘客吹毛求疵，该女乘客随即指责站务员骂她，非常气愤地表示要投诉，站务员立即请车站站长到现场处理。

车站站长听完乘客的叙述后，立即让站务员向乘客赔礼道歉。站务员不得已道歉。乘客立即记下她的工号，表示要做进一步投诉，并说：“她既然道歉，肯定是说过骂我的话了，否则她为什么道歉？”

（1）分析

①面对这种情况，车站站长在没有完全了解事情真相时贸然让服务员道歉，会挫伤职工的积极性，并在公共场合助长了乘客的威风。切记不要在公众场合轻易地向乘客道歉。

②对于乘客和服务人员各执一词的情况，车站站长不宜强行要求服务人员道歉，也不宜让乘客和服务人员当面对质。为安抚情绪，作为一站之长可以先就乘客在车站服务过程中感到的不愉快表示歉意。

（2）可采取措施

①车站站长赶到投诉地点后，应礼貌地请乘客至办公室了解具体事宜。处理乘客投诉的原则是“先处理情感，后处理事件”。当场投诉的乘客一般情绪比较激动，现场处理时应先安抚乘客情绪，“避重就轻”地处理投诉。

②先就乘客感到的不愉快，代表车站的领导向乘客表示歉意，若乘客还有疑问则请乘客留下联系方式，承诺 3 个工作日内给予回复。之后报区域站长。

③通过乘客的投诉，发现服务工作中确实存在不足的，应及时整改，杜绝类似失误。

（3）服务关键词

先处理情感，适时表示歉意。

四、乘客对车站站长处理不满引发的投诉

案例 3–8

乘客持单程票在 1 号线某站因插卡后三杆未转而无法出站，就来到客服中心向服务员寻求帮助。服务员一边为其他乘客处理业务，一边叫他去插卡的闸机再试一下，乘客看服务员没有为他处理，就直接从闸机上跳了出去。服务员看见后就说：“怎么不摔死你？”乘客对此表示强烈不满，要求车站站长到现场给予解决。车站站长到现场后当面询问事件原委，该服务员拒不承认过错，致使乘客认为车站站长对服

务员缺乏有效管理，再次拨打热线电话造成二次投诉。

（1）分析

①在服务质量中，服务效率是乘客比较关注的方面。快速、有效地为乘客解决问题，是我们工作的最终目的。乘客至服务员处寻求帮助时，工作人员应立即停下手中事情热情予以接待。如一时无法停下，应向乘客致歉“对不起，请稍等”，以得到乘客体谅。

②纠正乘客的不当行为是每个工作人员的岗位责任,对于不听从劝告,欲强行进、出站者，应及时劝阻，并通知车站站长或安保人员处理。但在劝阻过程中，应用语文明、态度友善，不得使用服务忌语或伤及乘客自尊心的话。

③乘客当场表示不满，实际是给了车站一个补救、挽回的机会。车站站长应遵循“先处理情感，后处理事件”的原则，站在对方角度理解乘客的不满和抱怨，对乘客提出的意见和建议表示感谢。如当场无法解决的，可请乘客留下姓名及联系方式，承诺乘客会核实情况后再行联系。车站站长的处理方式和解释没有得到乘客的认可，致使乘客再次拨打服务热线，在事件处理结果上判断失误，缺乏危机意识，负有管理责任。

（2）可采取措施

①站务员应礼貌劝阻乘客，询问其遇到的问题。

②车站站长现场解决问题时，应及时安抚，并留下乘客的联系方式，承诺会进行认真调查，取得乘客认可。

③车站站长现场处置投诉后，应向服务热线报备。

（3）服务关键词

先处理情感，避免二次投诉。

案例 3–9

某日乘客遗失一顶帽子致电服务热线寻找，热线帮助后告知在某站找到。次日乘客至车站领取，但车站站长告知没有该物品，乘客对此表示不满。

后分析为当日工作人员寻找到遗失物品后将其交予车站值班员，值班员把帽子放在车控室但未告知车站站长，也未交接班，导致乘客未能第一时间领取物品。

（1）分析

①车站站长是车站遗失物品登记、保管的第一负责人，车站工作人员捡到遗失物品后应第一时间交于车站站长予以登记，但本案例中车站值班员寻找到乘客遗失

物品后未及时交予车站站长，造成该物品未能按规定进行登记并妥善保管，同时未能做好信息传递及交接工作。

②车站车站站长未对做好员工“遗失物品管理办法”的宣贯工作，未能对遗失物品的日常管理起到监督、指导、管理工作，负有管理责任。

（2）可采取措施

①按规定管理乘客遗失物品。

②及时做好信息传递。

（3）服务关键词

规范管理遗失物品。

第四节 对外信息发布

信息发布机制是为了确保乘客、社会和相关工作人员能够及时获得准确信息而采取的一系列发布措施安排和制度。

一、信息发布必须遵循“及时、准确、客观、全面、规范、连续”的要求

（1）及时：强调信息发布必须在快速反应的基础上，迅速进行发布，能够为乘客、社会和工作人员及时采取下一步行动或行为提供必要的保障。

（2）准确：强调信息发布传递出的内容和意思能够为乘客、社会和工作人员所准确认知，不会产生歧义而引起误读，避免影响信息接收主体的判断力和行动力。

（3）客观：强调发布信息采用客观的描述方式，不带有主观推断的内容，确保信息接收主体不会受到误导。

（4）全面：强调发布信息内容能够实现信息接收主体对所关注信息点的全面覆盖，满足信息接收主体的实际需要，利于做出判断和决定。

（5）规范：强调不同类型、不同主体的信息在发布时必须遵循统一的标准规范，确保信息传达的始终统一，不受时间、空间等因素的影响，是保证信息及时、准确发布的基础。

（6）连续：强调要根据信息接收主题的忍耐程度和需要，设定一定的时间间隔，周期性的连续进行信息发布，将最新的动态进展情况及时反馈给信息接收主体。

二、上海地铁信息发布渠道

（一）对内

（1）红黄牌运营信息发布制度；

（2）客服支持系统；

（3）车站广播；

（4）短信平台。

（二）对外

（1）站台 PIS 系统；

（2）车站广播；

（3）移动电视；

（4）上海地铁服务专网：http://service.shmetro.com；

（5）上海地铁官方微博：weibo.com/shmetro（图 3-4）；

（6）上海地铁官方微信：sh_metro、sh_metrofuwu；

（7）APP：上海地铁官方电子指南；

（8）交通广播台、上视新闻台等合作媒体。

图 3-4　上海地铁官方微博首页

三、应急信息发布

（一）面向内部运营红黄牌信息发布

1. 发布目的

COCC 根据 OCC、运营生产条线反映的运营故障或突发事件情况判定故障口径、影响范围、时间等信息，第一时间通过 OCC 传递至车站，确保现场各岗位及时掌握运营动态信息，做好乘客引导与解释工作。

2. 发布流程

红黄牌信息发布流程如图 3 –5 所示。

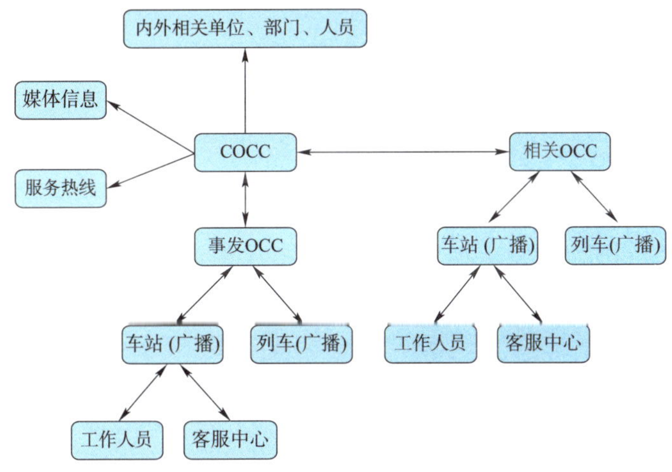

图 3–5 红黄牌运营信息传递流程图

（二）面向社会应急信息发布

1. 发布目的

对于社会公众和乘客，采取多元化方式进行信息发布，实现远端的及时告知，以降低对社会的影响程度和故障处置难度。

2. 发布流程

面向社会应急信息发布机制影响面广、对公众影响大、一旦发布难以挽回等众多因素，需遵循如图 3–6 所示的严格流程方可发布。

四、对外信息发布“九不准”

（1）不准发布利用职业便利获得的信息。

（2）不准发布未经核实的各类信息。

（3）不准发布本单位未向社会媒体发布的报道，如未经批准立项的轨道交通建设项目规划、尚未公布的地铁运营时刻表调整计划等。

（4）不准发布企业商业机密信息，如商业谈判、招投标工作等。

（5）不准发布各类政治性敏感话题。

（6）不准发布有悖公序良俗并容易引发负面影响的信息。

（7）不准发布反映员工个人活动且容易引发负面影响的信息。

（8）不准发布各类资源经营性活动，如直接性的商业促销广告。

（9）其他不宜发布的内容。

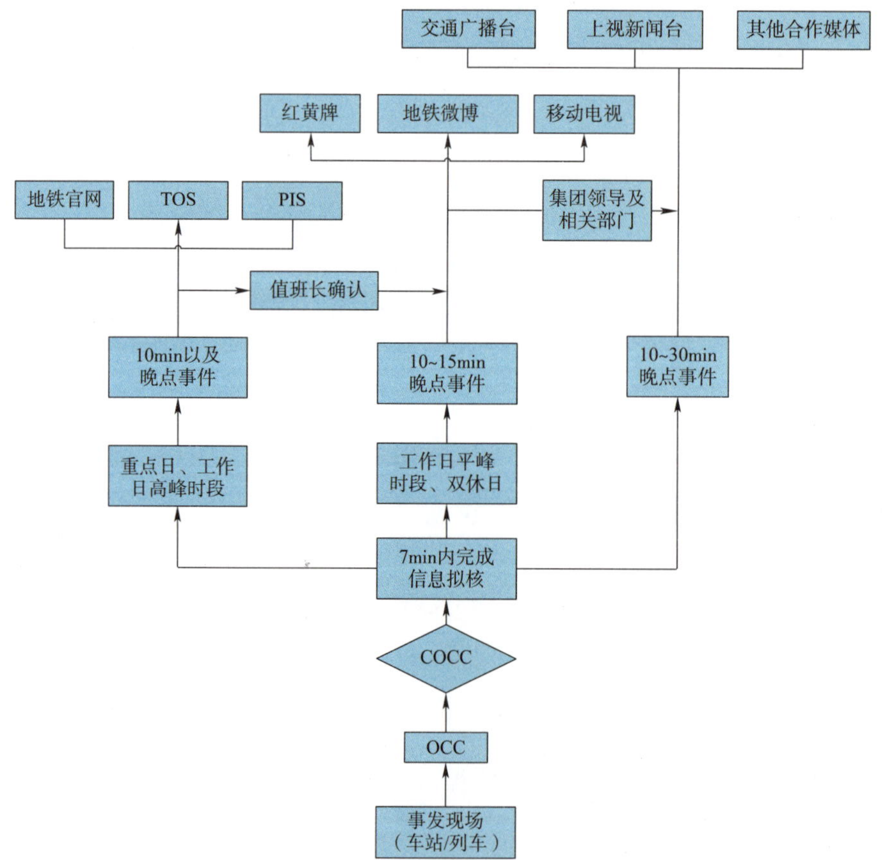

图 3-6　面向社会应急信息发布机制流程图

五、现场媒体接待

（一）现场媒体接待原则

（1）一般情况下，要有一定程序或凭证依照相关采访手续受理，应急情况下，需在公司媒体应对工作组的统一指挥下，分层负责面对媒体，处理要求。

（2）对未经批准媒体记者的现场采访要求，车站原则上不予接受，解释口径为："对不起，我们正在抓紧进行现场处置，如需了解详细情况，请与集团办公室或媒体信息部联系。"

（3）突发紧急情况时，需公司生产调度立即将信息汇报公司综合办、客服部，公司综合办或客服部负责与运管中心媒体信息部沟通，了解获批采访媒体信息，并拟定现场接待媒体时的统一解释口径，由生产调度负责将其通知至相关车站。

（二）媒体接待要求

1. 一般情况下的媒体接待

（1）接受采访的人员，应对来访媒体出示的《上海地铁媒体拍摄采访联系单》及记者证等证件核对无误后接受拍摄采访。

（2）接受媒体拍摄采访的车站，应做好现场维护工作，不得影响正常运营和生产。

（3）车站接受采访的人员在工作状态或生产环境中，应身着工作制服。

（4）车站接受采访的人员应根据宣传要求回答记者问题。

（5）车站人员不得私自接受媒体除约定内容以外的其他采访。

（6）车站人员接受媒体采访时不得谈及个人职责之外的内容。

（7）车站接受媒体拍摄采访活动应限于自身管理范围内的业务、人员和事件。

（8）重要舆情事件到车站等现场采访应由本公司负责宣传的人员陪同。

2. 突发情况下的媒体接待

（1）如摄影记者要求立即现场采访，车站应验明记者有关证件后，立即向生产调度和区域站长汇报，由生产调度汇报综合办公室、客服部，拟定统一口径后，通知车站，准许记者进入规定区域，根据统一口径接受采访，不可贸然、粗略地拒绝采访，造成不必要的负面影响。

（2）现场必须由当班站长以上级别人员作为采访对象陪同并接受记者采访，对现场情况的答复口径必须与公司官方对外公布的有关内容相一致。

（3）采访对象应掌握采访口径，接受采访应实事求是，留有余地，语气委婉，有礼有节，不卑不亢，同时注意衣着形象，采访区域环境应保持整洁，以不影响运营安全、客流组织为前提，确保安全。

3. 接待媒体时的注意事项

（1）采访对象应掌握采访口径，提前做好被访准备，注意衣着形象，热情接待，采访区域环境应保持整洁，并确保安全。

（2）若无法掌握拍摄采访口径，应及时与公司办公室联系。

（3）车站不可贸然、粗略地拒绝新闻媒体的采访，造成不必要的负面影响。

车站在接待媒体采访时，经授权的媒体采访回应口径应经宣传部门确认；未经授权及明确口径的媒体采访，应婉言谢绝并及时上报管理部、生产调度及综合办公室等上级主管部门；如确已发生未经授权接受采访事宜，涉事人员也应及时上报上述部门。

案例 3–10

某日，电视台新闻频道报道了一则《地铁出入口漏水人难走》的新闻，反映某地铁站出入口渗漏水已有多月，影响乘客通行，新闻报道中，记者拍摄了漏水出入口的现场视频，并对现场正在堵漏的施工人员及乘客进行了采访，造成了较大的负面影响。

负面影响一旦造成，就很难消除。因此，车站需严格按照规定流程接待媒体。

4. 媒体接待流程

媒体接待流程图如图 3–7 所示。

复习思考题

一、处理乘客投诉的基本步骤是什么?

答：（1）承认乘客投诉的事情是真实的。

（2）对乘客表示同情和歉意。

（3）同意乘客要求并决定采取措施。

（4）感激乘客的批评指教。

（5）快速采取行为，补偿乘客投诉损失。

（6）要落实、监督、检查补偿乘客投诉的具体措施。

二、城市轨道交通企业对外信息发布的基本要求是什么？

答：信息发布必须遵循“及时、准确、客观、全面、规范、连续”的要求。

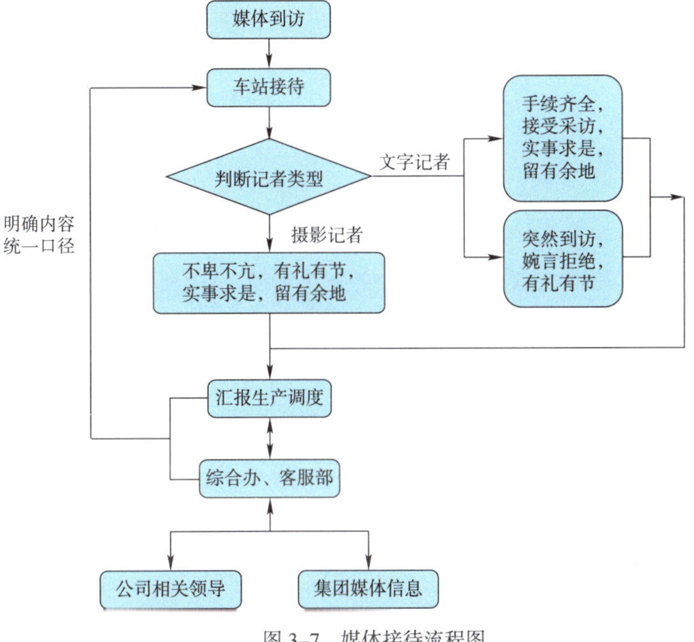

图 3-7 媒体接待流程图

（1）及时：强调信息发布必须在快速反应的基础上，迅速进行发布，能够为乘客、社会和工作人员及时采取下一步行动或行为提供必要的保障。

（2）准确：强调信息发布传递出的内容和意思能够为乘客、社会和工作人员所准确认知，不会产生歧义而引起误读，避免影响信息接收主体的判断力和行动力。

（3）客观：强调发布信息采用客观的描述方式，不带有主观推断的内容，确保信息接收主体不会受到误导。

（4）全面：强调发布信息内容能够实现信息接收主体对所关注信息点的全面覆盖，满足信息接收主体的实际需要，利于做出判断和决定。

（5）规范：强调不同类型、不同主体的信息在发布时必须遵循统一的标准规范，确保信息传达的始终统一，不受时间、空间等因素的影响，是保证信息及时、准确发布的基础。

（6）连续：强调要根据信息接收主题的忍耐程度和需要，设定一定的时间间隔，周期性的连续进行信息发布，将最新的动态进展情况及时反馈给信息接收主体。

第四章　票 务 管 理

★了解车站各类票务处理工作；

★了解如何管理好车站票、卡、款安全工作；

★了解如何执行车站票务作业规范的监督工作；

★了解车站突发事件的票务准备工作及相关规定。

第一节　日常票务处理工作

一、车票基本说明

轨道交通企业在客运经营中使用的各种票、卡，是核算客运收入的主要依据，也是乘客乘车的付资凭证，均属有价证券。

上海市轨道交通路网使用卡片式非接触（IC卡）车票，分为轨道交通专用车票、储值票和其他车票。轨道交通专用车票由上海市申通地铁集团有限公司授权轨道交通运管中心统一发行。储值票采用上海市公共交通卡，由上海公共交通卡股份有限公司发行。

轨道交通专用车票编号规则采用两位英文字母加六位数字的方式：前两位为英文字母，后六位为数字：

（1）第1、2位：表示车票种类见附录A；

（2）第3、4位：表示制作年份；

（3）第5、6位：表示生产批次；

（4）第7、8位：表示制作单位。

二、 车票申领、保管与流转

车站根据柜存量及时申请各类票、卡予以补充，保证车站的用票，定期将异常票（待清洗票、废票、破损票等）上交。

车票在运送过程中必须存放于带密码的箱柜中。

由于当事人保管不当，造成票卡遗失和损坏，按票面总值全额赔偿。

由于当事人以外原因或不可抗力造成票卡损失，当事人可提出书面报告，经相关部门核检，酌情处理。

三、公共交通卡优惠更新

（1）乘客手持公共交通卡反映当月消费已满 70 元，但后续乘车无九折优惠，车站站长接到汇报后，赶至现场了解情况，同时登录人工售检票机。

（2）车站站长将公共交通卡放置于读卡器上进行分析并告知乘客此卡状态。

（3）确认此卡需要进行优惠恢复，车站站长将卡放置人工售检票机读卡器上进行优惠恢复更新操作。

（4）若期间发生优惠差额，车站站长开具“乘客票务事务处理单”进行抵充。

（5）车站站长必须在相关台账上记录当天进行过优惠恢复操作的次数及卡号。

四、公共交通卡无法加值

（1）车站发生人工和设备同时公共交通卡无法加值，车站站长接到汇报后及时带着 UKEY（降级授权盘）赶至车控室。

（2）车站站长登录 SC 后，成功启用车站降级授权设备后，需等待 1min，人工售补票机才可切换到降级授权。同样，在与清分授权设备通信恢复后，也需要等待 1min，才可切换到授权加值。

（3）在授权加值或降级加值状态下，操作员首先选择并确认加值金额，然后须与乘客再次确认加值金额。在确认加值金额无误后，单击“确认”按钮进行加值操作。受网络等因素影响，加值确认返回的时间可能有所不同，此时操作员需耐心等待程序提示加值操作的结果，在非正常情况下，加值的最长需等待时间为 5s。

（4）车站所有人工售补票机都已切换到授权加值的状态下才可关闭降级授权设备。

（5）使用 UKEY 完毕后，车站站长应将 UKEY 及时拔出并负责妥善保管。

五、特种票故障卡受理

（1）乘客手持特种票反映此票异常无法使用，车站站长接到汇报后赶至现场。

（2）车站站长首先确认此票是否属于车站处理范围，再报票务管理部调度（分机：631697），查询此特种票已使用情况。

（3）车站站长向乘客说明该故障特种票更换规则和注意事宜，征得乘客同意后按故障特种票更换规则进行故障票更换。

（4）车站站长将原坏卡和新卡的卡号报票务管理部调度（分机：631697），领取查询号，原坏卡需回收（地铁磁浮联票除外）并记录下更换的新卡卡号。

（5）车站站长将相应情况记入登记表，并一式两份，原件交票务组，复印件留存车站；

六、票款收缴管理

（1）认真组织并落实做好票款收缴工作，确保票款安全。

车站收取票款现金，清点后录入票务管理平台，并将票款按要求投送入银行设置在各车站的自助封包机，由银行上门收款。

（2）做好票款收缴具体操作流程、应急预案和日常培训。

（3）票款解缴后必须将打印单金额与实际逐一核对。

七、票款结算管理

（1）票款结算依据多路径清分规则统计线路客流和运营收入。

在路网中任意两个车站间可达的最短五条路径，通过乘客换乘行为分析和现场调查，对影响乘客换乘的因素包括换乘次数、换乘路程、车辆拥挤度、平均候车时间、运营里程等进行权重分析，进行数据萃取，运用统计学原理建立算法模型和设置五条路径的权重参数。

（2）票款结算流程如图 4-1 所示。

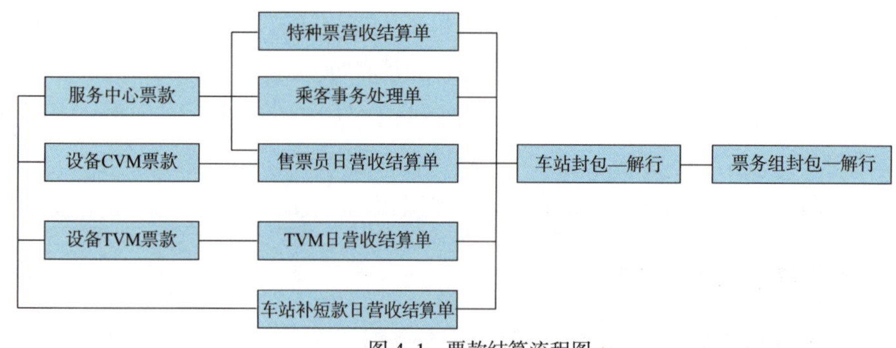

图 4-1 票款结算流程图

八、车站账务管理

（1）车站各类人工票务台账需做到正确填写，字迹清楚，结算准确，不准使用修正液等涂改，必须使用画蛇添足线更正。

（2）车站各类票务表单保存期为 3 年。

（3）票务信息管理系统内所有报表必须如实填记，不得擅自回退，不得错填、漏填各项填报数据，并由填报人输入电子密码签认。

（4）车站站长负责每日定时进行票务管理信息系统数据（前一日）采集，及时补传未上传数据，和对差异数据进行原因查找，3 个工作日内完成“数据差异原因填写单”。

（5）票务管理信息系统、设备发生故障，影响日常报表填记时，立即采用应急手工报表填记方式，待系统恢复正常后，进行各项日常报表补填操作。

（6）票务管理信息系统中“乘客事务处理单”“特种票故障换票处理单”每日由车站车站站长负责审核确认工作。

（7）票务信息管理系统中，车站站长负责日常车站发票的入库及票根回收审核确认。

第二节　车站票务安全管理

（1）车站收款室门（大门和内隔断门）窗、服务中心门及操作台抽屉、票亭门必须及时锁闭。

（2）车站收款室：

①进、出必须启用防盗报警、门禁系统。

②室内箱柜钥匙均按定制化要求摆放。

③保险箱密码必须打乱。

（3）车站票务设备：

①必须使用操作员本人 ID 号登陆，离开时必须及时注销，不得混用。

②不允许擅自在票务设备电源上外接电器、安装软件。

（4）车站票款押缴：

①集中收款点，车站封包要求在运营结束封包完毕后直接投入银行存包机内。

②非集中收款点，车站封包要求在运营结束票款封包完毕后放置保险箱内，待次日由车站站务员（押缴款员）送至集中收款点车站。

③车站应使用票款押运箱押缴票款。

第三节　车站票务监管工作

一、票卡差异指标

（1）BOM 实际发售数与统计数比较，差异率不得大于 ±0.1%。

（2）TVM 实际发售数与统计数比较，差异率不得大于 ±1%。

（3）GATE 实际回收数与统计数比较，差异率不得大于 ±0.7%。

二、票卡差异分析

（1）由于操作失误产生的人工票卡差异，车站应及时补进并在差异回复中体现。

（2）由于设备故障引起的差异，车站应及时与票务维修班组联系，及时修复设备，补足票卡，同时在差异回复中体现。

三、票务检查内容

（1）检查车站收款室、服务中心内票务物品摆放。

（2）根据回放和实时录像检查车站站务员（服务中心、票款员、解押款员、送票员）、车站值班员（设备）的票务业务操作规范。

（3）检查各类票务台账填记规范。

（4）做好车站票、卡、款的盘检工作。

四、票务严禁事项

（1）未经批准将已封包结清的票款带离收款室监控探头监视范围，造成遗失、缺损等异常现象。

（2）擅自改动监控设备状态或作业过程中故意遮挡 CCTV 监控器行为。

（3）未经批准擅自将他人的票款封包拆封、更改银行解款单，造成票款混乱、差错、遗失。

（4）侵吞、截留、挪用票款，票务流程中弄虚作假，违反公司财务制度。

（5）发票管理不善，造成发票大量流失。

（6）公务票违规给乘客使用。

（7）私自将车站各类票务台账、票证、单据销毁（未到期）。

第四节　车站突发事件票务管理

一、车站票务准备工作

（1）根据车站客流不断变化，设置票务设备不同的状态。

（2）服务中心配备充足的零币、致歉信（已盖好车站站印）、乘客事务单、赠票。

二、乘客事务办理的票务规定

（1）自动检票机故障，引导乘客由专用通道进、出站，回收出站的单程票，引导持公共交通卡乘客至服务中心，进行票务处理。

（2）运营非正常，通知清客及晚点情况，引导乘客持票、卡由专用通道出站，车站广播及时告知乘客凭该票、卡在 7 个工作日内可至任意轨道交通车站办理退票和索要赠票。

（3）现场退票需分析、确认后根据票、卡内金额退款，回收退票，做好退款交通卡的卡号记录，特种票、赠票不受影响，可由自动检票机正常进、出站。

（4）非当场退票而是 7 个工作日内来退票，需根据分析而确认票、卡内故障发生时间段、金额无误后，退还票款并回收，交通卡或手机钱包记录卡号，报车控室查询后，如无退票记录可为其办理退票并及时将退票信息录入车站。

（5）乘客退票均由当班车站站长确认、核实后开具“乘客票务事物处理单”办理退票。

（6）在轨道交通运营发生晚点、延误等情况而需要办理退票时，车站站长安排车站站务员（服务中心）负责发放赠票，且应严格依据“一张赠票对应一张退票（公共交通卡凭乘车记录并记下卡号）”的原则发放。

（7）乘客票务事务案例：

乘客手持交通卡到服务中心反映：“此卡已满 70 元累计金额，却没有优惠。”

车站处理此操作仅限车站值班站长操作：

①在 BOM 界面进行分析，点击【交易记录】查询【累计信息】栏。

②若从交易记录中可以确定该卡是属于需要进行优惠恢复的卡，则点击【返回】或【确定】回到分析界面，点击【恢复优惠】或【优惠更新】进行优惠恢复更新。

③若从交易记录中无法确定该卡是否属于可进行优惠恢复的卡，应及时致电票务中心进行该卡在轨道交通交易记录查询，根据查询结果妥善答复乘客。

复习思考题

一、车站票款结算流程是怎样的？

答：

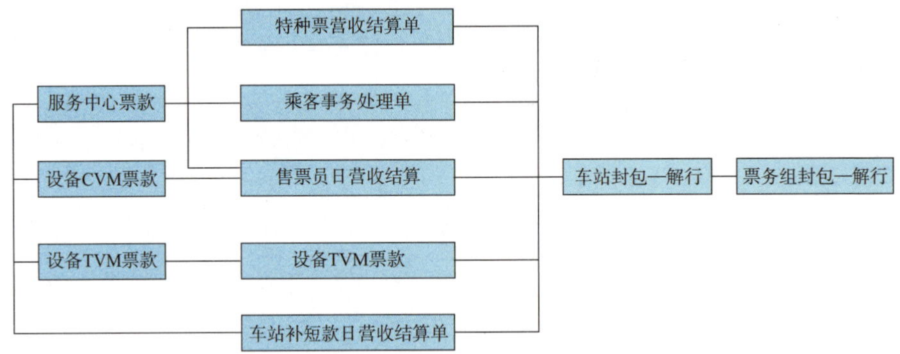

二、车站站长票务安全管理包括哪些方面的内容？

答：（1）车站收款室门（大门和内隔断门）窗、服务中心门及操作台抽屉、票亭门必须及时锁闭。

（2）车站收款室：

①进、出必须启用防盗报警、门禁系统。

②室内箱柜钥匙均按定制化要求摆放。

③保险箱密码必须打乱。

（3）车站票务设备：

①必须使用操作员本人ID号登陆，离开时必须及时注销，不得混用。

②不允许擅自在票务设备电源上外接电器、安装软件。

（4）车站票款押缴：

①集中收款点，车站封包要求在运营结束封包完毕后直接投入银行存包机内。

②非集中收款点，车站封包要求在运营结束票款封包完毕后放置保险箱内，待次日由车站站务员（押缴款员）送至集中收款点车站。

③车站应使用票款押运箱押缴票款。

第五章　安 全 管 理

★了解与轨道交通运营安全管理相关的法律、法规；
★掌握轨道交通行车安全事故分级及盯控管理要求；
★掌握轨道交通车站客运安全管理、客伤防范、处置及乘客急救的基本要求；
★熟悉轨道交通车站消防安全管理的基本要求。

第一节　轨道交通运营安全相关的法律、法规

一、城市轨道交通运营管理办法

（1）为了加强城市轨道交通运营管理，保证城市轨道交通正常、安全运营，维护城市轨道交通运营秩序，保障乘客和城市轨道交通运营者的合法权益，由中华人民共和国建设部制订《城市轨道交通运营管理办法》。

（2）城市轨道交通运营单位应当依法承担城市轨道交通运营安全责任，设置安全生产管理机构，配备专职安全生产管理人员，保证安全生产条件所必需的资金投入。

（3）城市轨道交通运营单位应当按照反恐、消防管理、事故救援等有关规定，在城市轨道交通设施内，设置报警、灭火、逃生、防汛、防爆、防护监视、紧急疏散照明、救援等器材和设备，定期检查、维护，按期更新，并保持完好。

（4）城市轨道交通运营单位负责城市轨道交通设施的管理和维护，定期对土建工程、车辆和运营设备进行维护、检查，及时维修更新，确保其处于安全状态。检查和维修记录应当保存至土建工程、车辆和运营设备的使用期限到期。

（5）城市轨道交通运营单位应当组织对城市轨道交通关键部位和关键设备的长期监测工作，评估城市轨道交通运行对土建工程的影响，定期对城市轨道交通进行安全性评价，并针对薄弱环节制订安全运营对策。在发生地震、火灾等重大灾害后，

城市轨道交通运营单位应当对城市轨道交通进行安全性检查，经检查合格后，方可恢复运营。

（6）城市轨道交通运营单位应当采取多种形式向乘客宣传安全乘运的知识和要求。

（7）城市轨道交通应当在以下范围设置控制保护区：

①地下车站与隧道周边外侧50m内；

②地面和高架车站以及线路轨道外边线外侧30m内；

③出入口、通风亭、变电站等建筑物、构筑物外边线外侧10m内。

在城市轨道交通控制保护区内进行施工作业的，作业单位应当制订安全防护方案，在征得运营单位同意后，依法办理有关行政许可手续。

（8）在城市轨道交通线路弯道内侧，不得修建妨碍行车瞭望的建筑物、构筑物，不得种植妨碍行车瞭望的树木。

（9）该法律规定禁止下列危害城市轨道交通设施的行为：

①非紧急状态下动用应急装置；

②损坏车辆、隧道、轨道、路基、车站等设施设备；

③损坏和干扰机电设备、电缆、通信信号系统；

④污损安全、消防、疏散导向、站牌等标志，防护监视等设备。

二、国家处置城市地铁事故灾难应急预案

（1）依据《中华人民共和国安全生产法》《中华人民共和国消防法》《突发公共卫生事件应急条例》《国务院关于特大安全事故行政责任追究的规定》和《国家突发公共事件总体应急预案》，为做好城市地铁事故灾难的防范与处置工作，保证及时、有序、高效、妥善地处置城市地铁事故灾难，最大限度地减少人员伤亡和财产损失，维护社会稳定，支持和保障经济发展，由中华人民共和国建设部制订《国家处置城市地铁事故灾难应急预案》。

（2）城市地铁企业事故灾难应急机构。城市地铁企业应建立由企业主要负责人、分管安全生产的负责人、有关部门参加的地铁事故灾难应急机构。

（3）工作原则。以人为本、科学决策；统一指挥、分级负责；属地为主、分工协作；应急处置与日常建设相结合、有效应对。

（4）应急情况报告。应急情况报告的基本原则是：快捷、准确、直报、续报。

（5）报告程序。地铁事故灾难发生后，现场人员必须立即报警，并报告地铁企业应急机构。有关部门接到报告后，应迅速确认事故灾难性质和等级，立即启动相

应的预案，并向上级地铁应急机构报告。因抢救人员、防止事故灾难扩大、恢复生产以及疏通交通等原因，需要移动现场物件的，应当做好标志，采取拍照、摄像、绘图等方法详细记录事故灾难现场的原貌，妥善保存现场重要痕迹、物证。

（6）紧急处置。事故灾难发生后，地铁企业和当地人民政府应立即启动应急预案，并按照应急预案迅速采取措施，使事故灾难损失降到最低。

（7）信息发布。城市地铁事故灾难应急信息的公开发布由各级城市地铁事故灾难应急机构决定。对城市地铁事故灾难和应急响应的信息实行统一、快速、有序、规范管理。

（8）应急人员的安全防护。现场处置人员应根据需要佩戴相应的专业防护装备，采取安全防护措施，严格执行应急人员进入和离开事故灾难现场的相关规定。

三、“安全管理”案例分析

事件：

早高峰运营期间，4 号线 0422 号车司机反映 D 站上行出站处有火情，车站至现场检查该处线路旁工务堆料有明火，后经车站工作人员与消防人员共同处置后将明火扑灭。经调查核实事发前车站值班站长违规动用明火，不慎引燃存放在线路旁的维修配件和待回收的废件。

分析：

（1）轨道交通车站应坚决杜绝各类形式的“非生产类”明火作业活动。

（2）行车作业人员，对于发现列车、车站、轨行区“火灾烟雾类信息”，有冒烟明火等异常信息时，要迅速、谨慎辨明和确认火灾、烟雾源头及影响范围等重要信息。对于有条件进行前期处置的情况要第一时间采取措施进行处置，防止影响扩大。

（3）设备维保部门应在确保运营安全的前提下，合理安排维修备件的存放点，设置专用维修备件箱（柜），用于存放维修备件及少量回收废件，及时清理数量较大的维修备件，并保持存放点周边环境整洁。

第二节　行车安全事故分级及盯控管理要求

一、行车安全事故的分级管理

（1）根据《中华人民共和国安全生产法》《生产安全事故报告和调查处理条例》

等法律法规，为及时、准确、公正调查处理轨道交通运营事故，严肃追究事故责任，进一步防止和减少轨道交通运营事故发生，轨道交通运营事故一般分为特别重大事故、重大事故、较大事故和一般事故四级。

（2）符合下列情况之一的，为特别重大轨道交通运营事故：

①事件突然发生、事态非常复杂、事件后果涉及全市范围，对公共安全、政治稳定和社会经济秩序造成特别严重的危害或威胁；

②导致 30 人以上死亡（含失踪）或者危及 50 人以上生命安全；

③造成 100 人以上重伤（含急性中毒）；

④事故直接经济损失 1 亿元以上；

⑤造成 1 条已（试）运营区段单向中断运营 36h 以上，或者双向中断运营 24h 以上；

⑥造成 2 条以上已（试）运营线路同时中断 24h 以上；

⑦超出本市应急处置能力的、需要国家有关部门处置的突发事件。

（3）符合下列情况之一的，为重大轨道交通运营事故：

①事件突然发生、事态复杂、事件后果涉及数个区县，对公共安全、政治稳定和社会经济秩序造成重大危害或威胁；

②导致 10~29 人死亡（含失踪）或者危及 30~49 人生命安全；

③造成 50~99 人重伤（含急性中毒）；

④事故直接经济损失 5000 万元以上，1 亿元以下；

⑤造成 1 条已（试）运营区段单向中断运营 16h 以上，或者双向中断运营 12h 以上；

⑥造成 2 条以上已（试）运营线路同时中断 12h 以上。

（4）符合下列情况之一的，为较大轨道交通运营事故：

①事件突然发生、事态较为复杂、事件后果在较大区域范围内对公共安全、政治稳定和社会经济秩序造成较大危害或威胁；

②导致 3~9 人死亡（含失踪）或者危及 10~29 人生命安全；

③造成 10~49 人重伤（含急性中毒）；

④事故直接经济损失 1000 万元以上，5000 万元以下；

⑤造成 1 条已（试）运营区段单向中断运营 10h 以上，或者双向中断运营 6h 以上；

⑥造成 2 条以上已（试）运营线路同时中断运营 6h 以上。

（5）符合下列情况之一的，为一般轨道交通运营事故：

①事件突然发生、事态相对简单、事件后果仅在一定范围内对公共安全、政治稳定和社会经济秩序造成较大危害或威胁；

②导致 1~2 人死亡（含失踪）或者危及 10 人以下生命安全；

③造成 1~10 人重伤（含急性中毒）；

④事故直接经济损失 5 万元以上，1000 万元以下。

（6）一般事故分为一般 A 类事故、一般 B 类事故、一般 C 类事故，同时根据轨道交通运营实际，设列一般 D 类事故、一般 E 类事故。

（7）运营过程中发生人员伤亡、财产损失、影响正常行车达到下列情况之一的，为一般 A 类事故：

①造成 2 人死亡，或者 3 人以上 10 人以下重伤；

②造成 500 万元以上 1000 万元以下直接经济损失；

③造成 1 条已（试）运营区段单向中断运营 5h 以上，或者双向中断运营 3h 以上。

（8）运营过程中发生人员伤亡、财产损失、影响正常行车达到下列情况之一，后果不及一般 A 类事故的，为一般 B 类事故：

①造成 1 人死亡，或者 2 人重伤；

②造成 300 万元以上 500 万元以下直接经济损失；

③造成 1 条已（试）运营区段单向中断运营 3h 以上 5h 以下，或者 1 条已（试）运营区段双向中断运营 2h 以上 3h 以下。

（9）运营过程中发生人员受伤（无人员死亡）、财产损失、影响正常行车达到下列情况之一的，为一般 C 类事故：

①造成 1 人重伤；

②造成 5 万元以上 300 万元以下直接经济损失；

③造成已（试）运营线路严重晚点 2h 以上。

（10）运营过程中达到下列情况之一，未构成一般 C 类以上事故的，为一般 D 类事故：

①运营时段正线列车冲突；

②运营时段正线列车脱轨；

③运营时段正线列车挤岔；

④运营时段正线列车分离；

⑤运营时段正线列车撞轧侵限物；

⑥运营时段正线接触网断线、倒杆或塌网；

⑦运营时段正线钢轨断裂；

⑧电客列车带电进入停电区；

⑨运营时段正线列车制动失效；

⑩接触网错送、漏停电；

⑪运营列车夹人动车；

⑫运营时段正线车辆断轴、车轮崩裂、走行部零部件脱落；

⑬列车信号（包括车载信号）错误升级显示；

⑭因设备故障、操作不当等直接导致运营列车最大晚点60min以上；

⑮未准备好进路接发列车；

⑯运营时段正线列车冒进信号或越过警冲标；

⑰向占用线接入列车；

⑱未办或错办电话闭塞发出列车；

⑲载客列车开错图定运行方向；

⑳向占用区间发出列车；

㉑运营时段正线擅自切除列车自动保护装置；

㉒载客列车停站错开车门、未关闭车门且未采取相应的防护措施动车、运行中开启车门；

㉓无调度命令施工、超范围施工、超范围维修作业；

㉔电客列车错误进入无接触网线路。

（11）运营过程中达到下列情况之一，未构成一般D类以上事故的，为一般E类事故：

①车场线路及非运营时段正线列车车辆冲突；

②车场线路及非运营时段正线列车车辆脱轨；

③车场线路及非运营时段正线列车车辆挤岔；

④车场线路及非运营时段正线列车车辆分离；

⑤列车车辆碰擦侵限物；

⑥擅自发车、开车、停车、退行、错办通过、错误通过或漏办全列车乘降；

⑦运营列车夹物动车，造成运营后果的；

⑧运营时段正线列车抱闸运行并造成运营后果的；

⑨列车车辆未撤除防溜装置动车；

⑩车场线路及非运营时段正线列车冒进信号；

⑪错挂、漏挂、错撤、漏撤接地保护装置；

⑫司机操作不当或设备故障造成自动开车司机漏乘；

⑬施工、检修、清扫设备耽误列车；
⑭漏发、错发、漏传、错传调度命令耽误列车；
⑮错误操纵、使用行车设备耽误列车；
⑯错办或未及时办理信号耽误列车；
⑰错办行车凭证发车；
⑱调车作业冒进调车信号或越过警冲标；
⑲作业人员违反作业纪律、劳动纪律耽误列车；
⑳因设备故障、操作不当等直接导致运营列车最大晚点 30min 以上。

二、车站站长岗位盯控的要求

（1）站长盯控作业主要针对列车限速运行、列车人工限制向前运行、列车退行、列车反向运行、列车切除 ATP 运行、救援列车运行、手摇道岔、信号闭塞降级运行、中断运营，9 种非正常行车运行方式。

（2）单岗值班员设置的车站，作业人员为车站值班员，盯控人员为车站站长。

（3）双岗及三岗值班员设置的车站，如作业中不分车控室和现场值班员，一人作业，另一人盯控，车站应明确各班次值班员非正常作业中的岗位分工；其中信号闭塞降级运行、中断运营两种非正常行车作业需要车站站长进行盯控。

（4）手摇道岔作业需车站站长在现场进行盯控，其他作业（包括电话闭塞法手摇道岔接发车）车站站长均在车控室进行盯控。

（5）有岔站车站站长人工办理进路电话闭塞法作业中，接发第一列车时在岔区对人工办理进路全过程进行盯控；后车站站长回至车控室对后续作业进行盯控。

（6）遇值班员在操作过程中发生漏办错办作业时，盯控人员有权停止其相关作业，经再次确认后，方可继续执行。

三、盯控作业的记录要求

（1）盯控记录在填记时应一列车填记一张并应按序号依次使用，不得随意跳号，不得随意涂改或撕毁。

（2）车站站长至现场执行手摇道岔盯控作业时必须携带盯控工具：800 兆摩托罗拉对讲机、盯控关键作业确认单。

（3）记录填写到位时间（精确到 30s, 即半分钟），作业人员和盯控人员分别进行签字确认。

（4）盯控人员在实施盯控作业时，应按照记录中安全把控事项所列举的内容进行打“√”确认，并在时间栏内填写相应勾认时间（××时××分）。

（5）遇连续多列列车涉及非正常行车作业时（如手摇道岔、电话闭塞法行车等），分别按作业顺序填写多张记录表。

（6）电话闭塞法手摇道岔接发车作业时，车站站长作为盯控人接发第一列列车时在现场填写记录表；后车站站长在车控室填写记录表。

（7）记录表填写不得随意涂改，如需更改则在错误处加盖姓名章后重新填写相关内容。

（8）记录表必须按照右上角编号逐张使用，使用后的记录表也按照编号整理后分类作为行车簿册妥善保存。

第三节　客运安全管理

一、客伤防范

（1）车站站长应熟知车站内自动扶梯、屏蔽门、安全门、垂直升降梯等各类客运设施的位置及使用方法，并要求站内工作人员积极主动指导乘客正确使用客运设施，避免乘务误操作而发生受伤。

（2）车站站长应对站内客运设施建立日常巡视机制，确保客运设施设置规范、功能正常、提示准确。

（3）车站内各类客运设施周边应具有相应的操作指南或警示标志，站长应落实车站工作人员做好巡视检查工作，发现内容有误、破损、应及时整改。

（4）遇暴雨雪、大风、结冰等极端天气时，车站站长应加强巡视，及时采取铺设防滑垫、设置临时警示标识、加强广播引导等具体防护措施，防止客伤发生。

（5）车站无障碍电梯（垂直电梯）因故障发生困人时，站长组织人员通过紧急对讲装置与被困人员保持沟通、安抚乘客，并及时联系维修单位到场处置。

（6）车站自动扶梯发生装置、梳齿板夹入异物等异常情况时，车站应立即按下急停按钮，停止自动扶梯运行，做好隔离防护措施，防止客伤。车站应建立自动扶梯故障应急处置预案。

（7）车站站长应组织员工做好站台安全乘车组织、引导工作。遇列车运行调整时应做好广播告知，引导乘客安全候车；列车进、出站时应组织乘客在安全区域内候车；列车发车前应确认车门、屏蔽门（安全门）无夹人夹物现象；发现异常情况应及时采取措施，并汇报。

（8）车站应加强对乘客安全乘车行为的巡视与督查，发现有危及行车安全、设施设备安全或对其他乘客造成安全影响的行为，必须及时采取措施予以制止；对拒不接受劝阻的乘客，应及时通知公安部门处理。

（9）轨道交通运营发生安全事故的，车站应当按照轨道交通运营安全事故处置要求，立即组织抢救，减少人员伤亡和财产损失；安全事故影响轨道交通运营的，应通过广播、告示或者其他媒体及时告知乘客相关运营信息，做好乘客疏散、转移工作。

二、客伤处置

客伤事件处置应遵照“先抢救伤者，排除障碍，及时恢复正常运行”的原则。

（1）一般客伤发生后，车站当班车站站长受理、处理时，应了解事发情况，记下伤者姓名、联系方式，填写事发经过记录，做好现场取证工作，给予伤者适时安抚。

①对于重伤、神志不清或个人不能自理的乘客应拨打“120”急救电话；

②若需使用其他交通工具就医，事先应征得伤者同意，并有旁证（驻站公安民警或驻站协警）；

③对于受伤乘客无人陪同时，车站应派人陪同就医，同时设法通知其家属或单位（如无法取得其家属或单位信息，应报公安警务站要求配合）；

④若乘客要求车站派人陪同就诊，可予以配合。

（2）对于提出索赔要求的受伤乘客，车站可告知乘客先行就医，待病情稳定后，再与车站进行协商解决，原则上不与其谈及责任和费用等方面的内容。

（3）收集客伤事件证据：

①收集证人证言。车站应记录证人姓名、性别、年龄、地址、联系方式、身份证件号码等内容；证言及其他证据应当准确、真实，并能够证明事件发生的过程和原因；如监控录像能反映事件过程，应及时提取妥善保管。

②取证内容。车站、车厢监控视频录像、现场照片、受害人受伤情况照片或受损财产照片；当事人笔录，包括当事人自述材料、目击证人证言笔录（视情劝导乘客向公安民警报备，告知乘客警方笔录是最具有法律效应的）；轨交设施设备完好情况材料，如自动扶梯合格证书、保养记录，以及技监局出具的鉴定书等。

（4）后期协商与处置。

①理赔以责任为依据。在与乘客协商补偿过程中，应认真听取当事人的反映情况及其主张的补偿内容，不急于表态，认真、耐心划分客伤事件的责任，按所担责任的比例进行协商补偿。

②在客伤事件中，发生财产损失，乘客提出赔偿。赔偿费用应有费用凭证，无凭证的赔偿费用不予赔付。(详见附录四：客伤当事人提供的材料)

③当事人提出的赔偿主张可以包含由于本次客伤产生的医疗费、交通费、误工费、护理费、营养费及伤残补偿费。(详见附录四：各类赔偿费用的解释及核定要求)

三、急救技能

(1)在轨道交通运营区域内发生的乘客突发不适等情况，车站工作人员应在专业医护人员未到达现场前，对受伤乘客进行初步护理救助及应急支援协助。

(2)在列车上发生乘客需要急救协助的突发状况时，临近车站接调度命令后由车站值班员汇报车站站长，拨打“120”急救电话，联系驻站民警，并人工广播寻找站内从事医务工作的乘客协助。车站站长现场组织工作人员至临近站台端做好急救协助准备工作。

(3)在车站发现乘客需要急救协助的突发状况时，站长组织工作人员至现场做好急救协助准备工作。车站值班员汇报车站站长，拨打“120”急救电话，联系车站驻站民警，并人工广播寻找站内从事医务工作的乘客协助。

(4)车站服务中心应配备应急医药箱，应配备常用外敷药品，包括：创可贴、医用胶布、棉签、纱布、酒精棉球、剪刀、风油精、清凉油等，不配内服药。

(5)车站应妥善放置应急医药箱内药品，每月对医药箱内物品及备用药品进行检查、清点，医药箱内物品及备用药品的使用期限应有效。

(6)在“120”急救中心未到达现场前，工作人员应通过站车广播、便携式扬声器多种途径呼吁现场具有专业资质的医务人员协助救助。工作人员在急救前期处置时应注意以下事项：

①车站站长指派专人在救护车停靠点接应等候，引导救护人员进出车站；

②乘客伤口持续流血时，工作人员戴上医用手套使用干净物品，如医用纱布，覆盖在伤口上按压以帮助止血、减缓出血，持续按压伤口直到医务人员到达；

③乘客外观无外伤时，先使受伤乘客静躺，根据乘客需求提供温度适宜的白开水；

④在救护人员抵达前，车站工作人员应持续安抚患者。

第四节 车站消防安全管理

一、消防安全管理基本要求

（1）消防工作贯彻“预防为主、防消结合”的方针和实行“谁主管，谁负责”的原则，落实防火安全责任制。

（2）应进行消防安全知识和消防法规的宣传教育，增强员工的消防法制观念和安全意识，做到“三懂三会”及掌握“四个能力”。

“三懂”：懂消防基本常识；懂消防器材基本使用方法；懂火灾逃生技能。

“三会”：会查找、整改火灾隐患；会扑救初期火灾；会火灾自救、组织人员逃生。

“四个能力”：检查消除火灾隐患能力、组织扑救初期火灾能力、组织人员安全疏散逃生能力和消防宣传教育培训能力。

（3）应定期对消防设施进行外观和功能测试检查，做好日常维护保养工作，并记录在案。对所有的消防器材应建立档卡，每隔半年对灭火器材进行一次全面的检查，记录在案，并做好消防器材的日常维护保养工作，保证完好、有效。

（4）任何单位、个人不应损坏或者擅自挪用、拆除、变更、停用消防设施、器材，不应埋压、圈占消防栓，不应占用防火间距，不应堵塞消防通道。

（5）加强明火管理，不应在具有火灾、爆炸危险场所使用明火。申请明火作业要按动火等级办理审批手续，作业人员应持证上岗，落实现场检查监护人员，落实相应的消防安全措施。

（6）地下车站，变配电所及防火重点部位，严禁吸烟，严禁储藏易燃易爆物品，堆放易燃可燃物品，防火门必须常闭。

（7）车站应建立防火档案，按要求填写，内容完整，能全面反映本车站的消防工作基本情况。

（8）任何单位或个人不得随意乱拉乱接电器设备。

（9）车站应制订符合本单位实际情况的灭火和应急疏散预案，并每年组织演练；通过实际的操作，发现问题，完善预案。

二、消防火灾工况联动试验要求

（1）车站公共区火灾工况试验周期为每月一次。

（2）试验前，检查事故风机、推力风机周围的环境，不得有杂物，清除风机网罩上的附着物。检查组合风阀，核对风阀状态，要求做到就地、环电与 BAS 三相符，然后就地手动开、关风阀一个来回，再将风阀置环控挡。

（3）车站 FAS 系统应设置于自动状态。

（4）车站公共区火灾工况试验，采取拉站厅或站台消火栓箱旁的手动报警器的方式。

（5）火灾工况启动应：

①先做站厅火灾工况，再做站台火灾工况试验。站厅工况试好后，必须将防火阀复位后再做站台工况。

②站厅报警，报警信号到消防报警主机，红色报警指示灯亮，防火阀动作信号到消防报警主机，车站新风机、回排风机、空调箱启动。

③在消防报警主机上，检查报警信号，防火阀关闭信号。

④在 BAS 主机上检查风机启动信号。

（6）工况的撤销应：

①消防报警系统复位。

②消防报警主机手 / 自动转换开关必须转到手动，到现场防火阀操作箱上将防火阀复位，然后到消防报警主机上复位，报警信号消除后，消防报警主机手 / 自动转换开关必须转到自动。

三、车站动火施工作业要求

（1）动用明火作业纪律。动火作业的申请单位和发起部门应当指派专人参与动火作业现场全过程监护。动火前，监护人员应认真核对动火作业审核意见及内容，并对动火现场可燃物资清除情况、安全教育交底情况、灭火器材配置情况、安全防范落实情况以及相关人员持证等情况进行安全确认，凡不具备上述条件之一的，监护人员有权停止本次动火作业计划。现场负责人下达动火指令后，动火人员应当穿戴好相关防护装备，并严格按照动火规程进行作业。

（2）动火作业现场的焊、割作业，必须符合防火要求，严格执行“十不烧”规定（该规定详见附录六）。

（3）动火作业应不影响正常运营。轨道交通运营期间，除已经采取全线或者局部停运措施外，禁止任何单位在运营车站、区间隧道、环控机房等重要运营设施设备场所组织实施动火作业。在正常运营期间，如发生必须抢修的紧急情况，应由抢修单位负责动火作业现场的安全管理责任。

（4）动火作业过程中，动火区域所属车站根据动火作业对运营或设备运行安全造成的影响程度有权要求停止作业。

复习思考题

一、客伤协商补偿可包括哪些费用?

答：（1）理赔以责任为依据。在与乘客协商补偿过程中，应认真听取当事人的反映情况及其主张的补偿内容，不急于表态，认真、耐心划分客伤事件的责任，按所担责任的比例进行协商补偿。

（2）在客伤事件中，发生财产损失，乘客提出赔偿。赔偿费用应有费用凭证，无凭证的赔偿费用不予赔付。

（3）当事人提出的赔偿主张可以包含由于本次客伤产生的医疗费、交通费、误工费、护理费、营养费及伤残补偿费。

二、行车安全事故应如何分级?

答：根据《中华人民共和国安全生产法》《生产安全事故报告和调查处理条例》等法律法规，为及时、准确、公正调查处理轨道交通运营事故，严肃追究事故责任，进一步防止和减少轨道交通运营事故发生，轨道交通运营事故一般分为特别重大事故、重大事故、较大事故和一般事故四级。

第六章　行 车 管 理

★掌握行车组织与客运组织的协同配合要领；
★熟悉行车降级运行模式下的安全管理要求；
★掌握车站行车设备测试与巡视的要求。

第一节　行车组织与客运组织的协同配合

一、客流预判及运力配置

（1）车站站长应掌握车站客流变化规律，积极采集客流诱增信息，加强与行车调度部门的沟通，以便在行车主管部门能在制订及优化列车运行计划时，有针对性地调整统筹列车停站时分，确保车站乘降作业有序。

（2）重大活动或节假日专项运营保障期间，车站站长应主动向行车主管部门报告车站周边商圈、景点、交通集散点、重大活动的实际情况，以便行车调度部门能及时优化备车存放地点，调动机动运力。同时，视情况向行车调度部门申请采取加开、跳停、调整运行交路等方法调整运能。

（3）客流高峰时段，车站站长应加强站内客流监控，加强信息传递。发现客流密集到达、滞留时，应及时向行车调度部门申请投放运力，及时疏散客流。

二、加强站台乘降组织

（1）列车进站、出站时，车站应密切观察站台客流动向，组织乘客在安全区域内候车，确保候车乘客的安全；列车停靠站台后，对乘客进行疏导，组织乘降；遇紧急情况，适时采取措施。有屏蔽门的车站，服务人员应加强站台巡视，监察屏蔽门状态。

（2）车站应在客流高峰时段加强站台巡视，掌握站台客流及设施设运行情况，充分利用工作人员、售检票设备等资源，确保站台客流可控及乘客安全。

（3）车站应积极引导乘客“先下后上，有序乘车”，提醒乘客上下车安全，制止乘客冲门、吊门等强行进入车厢的行为，以免造成列车延误。

（4）车站应通过站台广播、电子显示屏等设备，告知乘客列车到达时间、间隔时间以及安全提示等信息，以协助站台客流乘降组织。

第二节 行车设备降级运行模式下的安全管理

一、手摇道岔接发车的盯控作业要点

（1）手摇道岔接发车作业时，区间列车收到叫停的调度命令后立即停车待命；当列车迫停故障道岔区段时，站长应安排车站行车人员必须下线至道岔区段，确认故障道岔及列车位置。如需进行列车位置调整，确保道岔位置正确并加钩锁器，车站站长应明确动车要求并在司机报单上签字确认。

（2）车站值班员应报告当班站长，并根据行车调度发布的调度命令，转站控，车站准备进路（含防护进路）。

（3）现场的站长应对手摇道岔作业全程监护，与现场作业人员共同核对进路办理要求及准备等情况。

（4）车站现场作业人员为执行非正常行车作业的行车人员，负责非正常行车作业的具体操作、执行，即车站值班员、站务员。

（5）车站站长为车站行车安全盯控人员，对非正常行车作业进行作业监护。

二、行车闭塞方式降级运行的盯控要点

（1）当列车信号系统发生故障，大面积区段无法继续以自动闭塞方式办理行车时，当班车站值班员报告当班车站站长，对作业进行全程监控。

（2）故障区段车站值班员负责根据列车在本站及邻站到发情况确认区间是否有列车占用，如发现有停于区间的列车，车站值班员应主动与行车调度联系，汇报列车当前位置。

（3）根据行调要求，车站值班员提供本站正方向一站一区间（或行调要求确认范围内）所有列车运行信息。

（4）车站现场作业人员为执行非正常行车作业的行车人员，负责非正常行车作

业的具体操作、执行，即车站值班员、站务员。

（5）车站站长为车站行车安全盯控人员，对非正常行车作业进行作业监护。

三、手摇道岔接发车作业案例

（一）事件经过

某日，10点30分左右，由于信号系统网络风暴，GL站双边道岔同时发生故障。车站值班员小张、小陆携带手摇道岔工具至5/7号道岔待命，并确认5/7号道岔处在定位。在未得到车控室命令时，为节约时间，车站值班员小张私自将7号道岔的开闭器打开，造成5/7号道岔单操不联动，事后也未将该情况汇报车控室。

10点40分左右，车控室通号抢修人员要求车控室值班站长将5/7号单操至反位，值班站长在未通知现场值班员的情况下将5/7号道岔单操至反位，事后也未告知在现场手摇道岔的值班员。由于7号道岔的开闭器已打开，此时5/7号道岔不联动，因此5号岔处在反位，7号道岔处在定位。

单操道岔结束后ATC面板立即失表，值班站长不确定现场道岔位置，命令现场值班员将5/7号岔摇至反位准备发车进路。值班员小陆先将处在定位的7号道岔手摇至反位，值班员小张因为到达现场时确认过5号道岔处在定位，也不知道车控室单操过道岔因此在未确认5号道岔位置的情况下将原本处在反位的5号道岔手摇至定位。手摇道岔结束后值班员小张也未再次确认5号道岔位置，就向车控室汇报5号道岔已在反位，发车进路准备妥当。

10点51分，值班站长发出手信号发车的命令，列车动车。司机在经过5号道岔前发现道岔位置不正确后汇报行调，值班员小张再次确定，此时5号道岔在定位位置，后将5号道岔手摇至反位后再次动车。

（二）原因分析

手摇道岔值班员在未接到手摇道岔命令时就私自打开7号道岔开闭器，严重违反了作业纪律。

手摇道岔值班员也未将7号道岔开闭器已打开的情况下汇报给车控室值班员，而车控室值班员也未将5/7号道岔进行单操过的情况告知现场值班员，未做到信息传递及互控工作。

现场的两位值班员之间也未相互提醒，做好互控工作。现场值班员未严格执行手摇道岔的一次作业标准进行操作。臆测行车，发车前未确认全进路是否正常。与车控室值班站长在布置发车进路时不到位。车站在设备发生故障时，思想上不够重视，麻痹大意，安全意识薄弱。

第三节　车站行车设备测试与巡视要求

一、运营前行车设备的测试与检查

（1）车站应在运营开始前应完成开启，并测试车站各类运营设施设备的作业。车站站长应监督，并检查车站各类运营设施设备开启 / 测试情况，发现异常情况及时报修。

（2）每日除开站和清场外，车站站长对各类行车设施设备状态的巡视不应少于 4 次。

二、行车设施设备的巡视要求

（1）车站站长督促车站值班员通过各类设备终端对重点部位进行不间断监控，非高峰时段应有计划地调整 CCTV 摄像头对关键行车设施设备区域进行一次全面查看，内容如下：

①道岔岔区；

②区间泵；

③中间风井；

④区间旁通道门；

⑤人防门；

⑥防淹门；

⑦屏蔽门等。

（2）发生下列情况时，站长和驻站民警应增加巡视检查次数：

①运行方式发生改变；

②车站遇突发事件；

③行车设施设备带故障运行；

④主汛期、重大活动期间等；

⑤气候环境恶劣，如大风、暴雨、冰冻、高温等；

⑥新设备、检修消缺后的设备、事故后投运的设备。

（3）巡视中发现异常情况，应按规定处置或保修，并做好相应记录。

（4）重大活动、节假日专项运营保障期间，车站站长应合理落实现场保驾人员安排，加大重要行车设施设备的现场巡检力度，尤其要加大重点时段、关键区域设施设备的巡视频次，及时掌握设备运行动态。

三、行车设备维护过程监管

（1）车站站长应加强维保单位对站内行车设备日常维护的监督管理。

（2）车站行车设备日常维护或施工过程中动用了行车设备，施工注销前，应会同设备使用方人员一起试验确认设备正常。涉及接触网/轨或变电设备检修、更换的，车站应督促施工负责人及对应作业点负责人应在确认恢复送电后方可撤离。

（3）因维保单位在施工维护中造成运营设备停用或降级使用的，车站应立即应通知调度部门，并督促由设备维保管理单位组织抢修并明确运行限制条件。

（4）车站应监督施工人员的安全防护用品配备到位；特种作业人员应持有效证件上岗，需要定期检测的作业工具和器材应在检测合格有效期内。

复习思考题

一、手摇道岔接发车的盯控作业要点有哪些？

答：（1）手摇道岔接发车作业时，区间列车收到叫停的调度命令后立即停车待命；当列车迫停故障道岔区段时，站长应安排车站行车人员必须下线至道岔区段，确认故障道岔及列车位置。如需进行列车位置调整，确保道岔位置正确并加钩锁器，车站站长应明确动车要求并在司机报单上签字确认。

（2）车站值班员应报告当班站长，并根据行车调度发布的调度命令，转站控，车站准备进路（含防护进路）。

（3）现场的站长应对手摇道岔作业全程监护，与现场作业人员共同核对进路办理要求及准备等情况。

（4）车站现场作业人员为执行非正常行车作业的行车人员，负责非正常行车作业的具体操作、执行，即车站值班员、站务员。

（5）车站站长为车站行车安全盯控人员，对非正常行车作业进行作业监护。

二、行车闭塞方式降级运行的盯控要点有哪些？

答：（1）当列车信号系统发生故障，大面积区段无法继续以自动闭塞方式办理行车时，当班车站值班员报告当班车站站长，对作业进行全程监控。

（2）故障区段车站值班员负责根据列车在本站及邻站到发情况确认区间是否有列车占用，如发现有停于区间的列车，车站值班员应主动与行车调度联系，汇报列车当前位置。

（3）根据行调要求，车站值班员提供本站正方向一站一区间（或行调要求确认范围内）所有列车运行信息。

（4）车站现场作业人员为执行非正常行车作业的行车人员，负责非正常行车作业的具体操作、执行，即车站值班员、站务员。

（5）车站站长为车站行车安全盯控人员，对非正常行车作业进行作业监护。

第七章　设 备 管 理

学习目标

★熟悉车站常用客运设备的组成和功能；
★熟悉车站环控设备的组成和功能；
★熟悉车站屏蔽门的运行模式；
★掌握车站屏蔽门的操作规定；
★掌握自动扶梯的操作规定；
★熟悉车站设备突发状况的处置；
★车站客运设备、环控设备管理。

第一节　车站设备巡视工作内容

一、巡视重点

客运设施包括客运服务设施、导向系统、广播与乘客信息显示系统、售检票系统、自动扶梯、直升梯系统等设备。

二、巡视要求

（1）通过视觉感受导向系统、通过听觉感受广播系统、通过自行操作进行查询或购票的自动售检票系统、替代乘客步行的自动扶梯、直升梯系统。

（2）每班对车站的巡视应不少于 4 次。

（3）车站站长应将巡视检查情况及巡视中异常情况在相关的记录表中做好记录。

（4）车站遇突发情况时，车站站长按预案先行处置，处置完毕后应对车站整体范围再行巡视确认。

（5）发生下列情况时，车站站长应增加巡视检查次数：

①运行方式发生改变；
②车站遇突发事件；
③车站设施设备带故障病运行；
④主汛期、重大活动期间等；
⑤气候环境恶劣，如大风、暴雨、冰冻、高温等；
⑥新设备、检修消缺后的设备、事故后投运的设备；
⑦其他需要增加巡视检查次数等。

（6）巡视中发现设施设备异常情况，应通知车站值班员在公司运营生产管理平台上报修并做好安全防护及警示、告示。

（7）车站站长应根据巡视情况，认真填写相关各类台账。

第二节　客 运 设 施

客运设施设备是乘客可以通过自身感官，直接感受到的车站设施、设备。主要是乘客出行所必须使用或能为乘客出行提供方便的设施、设备。如：通过视觉感受的导向系统、通过听觉感受到广播系统、通过自行操作进行查询或购票的自动售检票系统、替代乘客步行的自动扶梯等。客运设施包括客运服务设施、导向系统、广播与乘客信息显示系统、售检票系统等。

一、客运服务设施

为乘客乘坐轨道交通提供基础服务的客运设施及辅助性服务设施。包括基础设施，如自动扶梯、乘客候车椅、卫生设施等及辅助性设施，如乘客信息显示屏、信息查询系统等。

（1）自动扶梯是车站基础设施之一。轨道交通的车站都设有站台层和站厅层，由于使用功能不同和为提高车站利用率，这两层一般不在同一平面。为方便乘客出行，也为便于车站的客流组织，轨道交通车站设置了车站自动扶梯。车站每次开启前，应确保自动扶梯完好无故障。自动扶梯运行中要巡查自动扶梯运行状态，发现问题要及时报告，并采取相应应急措施。

（2）盲道和无障碍电梯属于无障碍设施。残疾人使用无障碍电梯，应由站务员陪护。站务员每次操作无障碍电梯前，应当确认该电梯完好无故障。将轮椅推上无障碍电梯放好停稳后，方可启动无障碍电梯。

（3）信息查询系统。随着轨道交通运营网络的日益扩大和完善，乘客出行需要掌握和了解的信息越来越多，除了向车站服务员问讯外，乘客自助式的信息查询设备或车站主动向乘客发布相关信息就十分必要。从保护乘客利益的角度考虑，乘客对各线路的站点分布、拥挤程度、列车运行间隔、行驶时间、首末班车结束运营时间等信息具有“知情权”，轨道交通运营管理部门有责任也有义务为乘客提供这些信息。

二、导向系统

导向标识系统提供引领乘客进入车站、乘车和离开车站的信息，紧急疏散时能引导乘客顺利离开危险区域并最终离开车站。导向系统包括各类导向标志、禁令标志及其他设备、设施标志。

（1）导向标志（包括固定标志和可变标志）是引导乘客乘坐列车或向乘客指示服务设施所设置的各类标志。主要有示意各出入口及公交站点的标志、自动或人工售票的标志、进出计费区的标志、乘车方向及站点分布的标志、紧急出口标志、公用电话标志、车站周边示意图及临时导向标志等。

（2）禁令标志是指限制乘客某些行为的标志。主要有禁止吸烟标志，禁止携带易燃易爆物品标志，严禁跳下站台、进入隧道的标志等。

（3）其他设备设施标志：是指为乘客提供更便利服务而设置的服务设施的标志。包括服务于普通乘客的自动扶梯标志；为盲人提供方便的盲道及供残疾人专用的无障碍通道与垂直电梯的标志；公用电话、厕所等设施的标志。

三、广播和乘客信息显示系统

（一）广播系统

车站出入口及通道、站厅、站台、车站用房一般均设置广播，主要用于向乘客提示列车运行有关信息、乘车有关提示以及发生非常情况后有关信息的发布和组织、引导乘客。

城市轨道交通车站应设置完备的广播设施，具备对站台、集散厅、通道进行分散广播和集中广播功能。广播音量应适中，音质清晰、不失真。

车站在运营生产需要的情况下，应按有关规定进行人工广播。

（二）乘客信息显示系统

乘客信息显示系统可根据信息发布点地理位置提供相应的实时运营信息，包括列车预计到达时间和目的地等动态信息，同时也提供广告媒体信息。并可通过系统平台实现在实时运营信息和其他服务信息及广告信息之间的切换发布。

目前在地铁系统内，向乘客传递的信息按类别可以分为：广告信息、公益信息和运营信息三大类。

四、售检票系统

为乘客提供售票和检票服务的一系列相关设备。目前国内采用的售检票系统有人工售检票和自动售检票两种。

（一）人工售检票系统

人工售检票系统是单一的采用纸制车票作为介质，通过人工出售，人工检验票，人工统计的一种售检票系统。

（二）自动售检票系统

自动售检票系统是通过计算机集中控制的，以磁卡及非接触器或 IC 卡为介质的一种售检票方式。

第三节　环 控 设 备

一、照明系统

照明系统包括正常照明和应急照明。

由于轨道交通车站大部分为地下车站，且运营时间较长。因此，地下车站及地面车站夜间照明均由车站正常照明提供照明；应急照明是为了车站正常照明发生故障时，为疏散乘客提供必要的照明，通常由蓄电池提供，当正常照明失电同时应急照明立即启用，一般可维持半小时以上。

二、火灾防护系统

火灾防护系统由火灾监控系统、报警系统和灭火系统组成。

火灾监控系统是由灵敏的光感、温感、烟感、红外线反应的传感器和自动巡检及显示元件组成。它主要是在第一时间内，将探测器检测到的火灾情况及时传输给报警系统和自动灭火系统。自动报警系统以灯光信号和报警铃声及时反映到控制面板，提示值班人员。而自动灭火系统在得到信号后，切断所有可能、有助于燃烧的工作设备。如空调、通风机组的电气线路。同时，接通消防专用设备的工作电路，启动有关消防设备。如排烟风机、防烟垂壁、管道排烟阀。关闭电动防火门、防火卷帘门，接通火灾事故照明灯，疏散标志灯等。

火灾防护系统在最大程度上减少了火灾带来的财产损失和人员伤亡。是轨道交通车站必不可少的设备设施。

三、车站通风与噪声控制系统

车站通风系统主要是指地下车站，地下车站设置在地表以下，无法采用自然通风。为了满足人们在车站内正常活动的环境需要，在地下车站必须设置车站通风系统，地面和高架车站，尤其在站台区域一般采用自然通风。

车站通风系统的主要作用是为车站提供足够的新鲜空气、排除废气和有害气体，改善车站的乘车环境，为乘客创造一个舒适的空间。

噪声是轨道交通的一大缺点。列车在高速运行时，轮对与钢轨的摩擦是主要噪声源，尤其是高架轨道交通此类问题更为突出。目前，除了对车辆构造及轮轨作用体系方面做出改进以外。地下轨道交通采取的主要措施是在站台顶部、车站范围的隧道侧墙、站台下部轨道旁设置吸音板以及安装站台屏蔽门。而高架轨道交通主要是在线路沿线布置防噪墙等。

（一）通风设备启动前准备工作

开启风机前，检查风道内无异物。

开启风机前，必须先打开风机前多叶调节阀。

（二）通风设备操作安全操作规程

开启设备，确认设备正常运行。

设备启动后，发现设备出现异音及不规则振动情况，应立即停止操作，切断电源并报修。

设备故障断电或关停在未修复前必须悬挂停用标志，直至修复并确认运行正常后方可取消悬挂。

四、车站空调系统

为了使地下车站有一个较舒适的乘车环境，除了配备必要的通风设备以外，还必须通过强制手段使车站内部的气温保持在一个适宜的状态，而这种强制手段就是车站空调系统装置。车站空调为车站内部源源不断地输送经过处理的空气，使之与车站内部其他空气进行热、湿交换，并将完成调节作用的空气排出。来保持车站内稳定的湿度和温度要求。地面和高架车站一般不设置空调设备，仅在轨道交通地下车站布置有空调设备以调节车站环境的温湿度。

（一）制冷设备启动前、后注意事项

当冷冻、冷却泵及冷却塔风机手操箱转换开关均在冷水机组联动位置时，冷水机组启动后，直接联动冷冻、冷却泵及冷却塔风机。

当冷冻、冷却泵及冷却塔风机手操箱转换开关未在冷水机组联动位置时，必须先开启冷冻、冷却泵及冷却塔风机，再开启冷水机组。

（二）制冷系统设备开启、关闭方式

制冷系统设备可以用两种方式打开或关闭，分别是环控电控室内操作、就地手操箱操作。其优先级从低到高为：就地手操箱操作→环控电控室内操作。

制冷系统设备可以通过BAS计算机查看系统状态，但禁止通过BAS计算机操作。

（三）制冷系统设备操作注意事项

开启设备，确认设备正常运行。

设备启动后，发现设备出现异音及不规则振动情况，应立即停止操作，切断电源并报修。

设备故障断电或关停在未修复前必须悬挂停用标志，直至修复并确认运行正常后方可取消悬挂。

五、轨道交通车站给水系统

车站的供水可以按用途分为：生产用水、生活用水和消防用水三类。

轨道交通车站的生产用水和生活用水一般都可共用一条给水管，但消防用水管则必须独立于生产、生活用水管，因此在车站和区间一般都设有两条给水管。

对车站或区间的消防栓用水，原则上应当有两条给水管，并在车站两端及区间隧道连通，共同构成环状管网给水系统。

六、轨道交通车站排水系统

车站排水主要包括：车站结构渗水、厕所污水、车站清洁冲洗水、消防灭火后的废水及进入车站的雨水、融化后的雪水等。

车站排水主要采用排水泵进行强制排水。

车站排水泵按需要排放的污水种类可以分为：主排水泵、辅助排水泵、局部排水泵、临时排水泵和污水泵等。

第四节 车站消防设备

一、水消防系统的组成及功能

车站水消防系统的构成主要是城市自来水作为供水水源。分两路总进水管将城市自来水引入车站。管径为 DN150~DN200。在城市自来水接管点处水压要求不低于 0.2MPa。引入水管进入车站设置两路进水通过水表，阀门和阀门井。两路水管进入车站互为备用。水源引入车站通过消防泵、喷淋泵直接供给车站内消防管网，直至各消防喷淋头、各消防箱内消火栓。站内消防泵房设有两台消防泵、两台喷淋泵，它们各自互为备用。为了保证车站内的消防水源充足，车站外设置了两只消防水管接合器、两只消防喷淋用水管接合器，它们都与车站内的消防管路连通。其作用主要是用于车站内的防火救灾工作。

二、消防水系统的巡视检查内容

为了保证水消防系统的设备能够处于正常的运行状态。车站运营操作人员必须进行每班间隔 4h 的巡视检查工作。并且做好巡视检查记录。巡视检查的步骤如下：

（1）在车控室 FAS、BAS 主机上监视消防泵、喷淋泵的运行工况。

①现场检查消防泵房内的消防泵、喷淋泵的运行工况。检查内容包括：消防泵、喷淋泵的进出水阀门要处于常开状态，通过用手转动阀门的手柄可进行检查。

②进出水管的压力表读数。进水管压力为 0.2MPa 为正常，出水管压力不超过 0.5MPa 为正常，并做好记录。

③喷淋报警系统的阀门、警铃、水流指示器、湿式报警阀处于正常状态。

（2）检查水泵控制箱内的电源应处于正常运行状态。

（3）检查消防泵房内管路有无渗漏水现象、管路支架是否牢固、有无松动及管路防腐检查。阀门是否处于常开状态，阀门填料处应无漏、滴水现象。可用手转动阀门手柄进行检查。

（4）检查消防泵启动后有无异常声响。检查水泵油位，油位应处于两刻度之间。

（5）检查车站外消防水表、水表井、阀门与阀门井是否处于良好状态。

（6）检查室外消火栓与室外消防结合器。

（7）检查车站消防箱内的设施有无漏水、缺损现象。

（8）检查设备的清洁保养工作。

以上内容巡视操作人员在巡视检查中发现故障应及时向车站设备检修人员汇报、报修。必要时可直接向公司调度汇报。

第五节　屏蔽门 / 安全门 / 电动栏杆设备

一、屏蔽门 / 安全门系统的运行模式

1. 正常运行模式

在系统正常运行模式下，列车正确停站时，屏蔽门 / 安全门系统接受信号系统（ATC）指令控制活动门的开 / 关。当列车停站，信号系统在收到司机打开列车车门指令后，自动执行解锁、开门等顺序操作。列车准备发车时，信号系统在收到司机关闭列车车门指令后，自动执行关门、闭锁等顺序操作。在所有屏蔽门 / 安全门关闭后，屏蔽门 / 安全门控制器向信号系统发出所有屏蔽门 / 安全门关闭并锁闭的信号，允许列车离站。司机确认所有列车车门和屏蔽门 / 安全门关闭完好、无夹人夹物后，方可发车离站。

2. 非正常运行模式

当系统不能正常运行时，如列车停位不正确、信号系统故障、信号系统与屏蔽门 / 安全门系统通信中断、屏蔽门 / 安全门系统局部故障等非正常情况下，由站务员或司机通过站台端头控制盒 (PSL）进行屏蔽门 / 安全门的开门、关门操作。

（1）开门操作

先打开 PSL 上的钥匙开关，然后操作 PSL 的开门按钮，发出开门命令，屏蔽门 / 安全门控制器接收到开门命令后，执行解锁、开门等顺序操作。

（2）关门操作

操作 PSL 的关门按钮，发出关门命令，屏蔽门 / 安全门控制器接收到关门命令后，执行关门、闭锁等顺序操作。在所有屏蔽门 / 安全门关闭后，PSL 向信号系统发出所有屏蔽门 / 安全门关闭并锁闭的信号，允许列车离站。司机确认所有列车车门和屏蔽门 / 安全门关闭完好、无夹人夹物后，方可发车离站。

（3）屏蔽门 / 安全门关闭后无法发车

当所有屏蔽门 / 安全门关闭，但信号系统仍然不能确认而无法发车时，应先打

开PSL上的钥匙开关，然后操作PSL上的PSD互锁解除钥匙开关，发出强制发车信号，允许列车离站。司机确认所有列车车门和屏蔽门/安全门关闭完好、无夹人夹物后，方可发车离站。

3. 紧急运行模式

当正常运行模式(系统级控制)、非正常运行模式(站台级控制)均不能操作屏蔽门/安全门时，在站台侧，由站务员用钥匙打开活动门；在轨道侧，由司机通过车内广播通知乘客使用PSD上的手动解锁把手自行开启屏蔽门/安全门。

在紧急情况下，如隧道内或者站台、站厅发生火灾等紧急情况，可由车站值班员操作车控室内PSA控制按钮或经授权后通过电话和广播通知站台值班员操作PSL对活动门进行开/关控制。

二、屏蔽门/安全门系统的应急门操作

正常情况下，列车进站停稳后，会停靠在允许的误差范围位置内，这时屏蔽门的活动门与列车门的位置都将一一对应，否则列车门将全部与活动门错开，而对着无法打开的固定门或隧道区间，此时若再遇到紧急情况，便无法打开车门疏散列车上的乘客。为此部分固定门被设计为可以向站台侧打开的应急门，该应急门平常当作固定门使用，一旦列车发生火灾、爆炸等状况需要由应急门进行紧急疏散，可由乘客在轨道侧打开列车门后推动应急门的解锁装置或由站务员在站台侧用专用钥匙打开应急门。

三、运营前屏蔽门/安全门/电动栏杆巡视、检查要求

（1）活动门、应急门和端头门均应关闭与锁紧。

（2）活动门滑动范围内应无障碍物。

（3）车控室操作显示器（PSA）应无报警。

（4）屏蔽门（安全门）、电动栏杆管理室应无报警。

（5）出现报警，即报维修，并要求在运营开始前修复。

四、列车运行期间屏蔽门操作安全规定

（1）列车运行期间需打开活动门使之处于开门状态，应隔离该活动门，并加强监控，以免影响安全行车。

（2）应急门只有在列车停车位置超出规定范围而需紧急疏散时，才能打开。应

急门使用后应确认关闭并锁紧。

（3）在列车进出站产生活塞风时严禁打开端头门或应急门。

（4）端头门打开后，应立即关闭并确认锁闭，严禁打开后无人守护或用异物阻挡关门。

第六节 自动扶梯、直升梯设备

一、自动扶梯设备的操作

当开始运转或停止自动扶梯时，需按下列顺序进行操作。（注：自动扶梯在上、下端各装有一个操作盘，任一操作盘都可以操作。）

1. 开始运转之前

（1）检查扶梯踏板，扶手带，梳齿板，裙板保护胶条（或毛刷），除去夹在里面的碎纸，小石子，口香糖等。

（2）用手感触确认裙板及竖板的润滑剂是否充分。

（3）确认自动扶梯周围的安全设施（三角警示牌，防止进入的栅栏等）有无破损等异状。

2. 开始运转时

（1）确认自动扶梯周围或扶梯踏板上无人时，把钥匙插入启动开关、向将要运行的方向（上或下）旋转，自动扶梯则开始工作。然后将钥匙回到中立位置拔出来。

（2）启动后须确认扶梯踏板和扶手带是否正常工作。如万一有异常声响或振动时，要立即按动紧急停止按钮，使自动扶梯停止运行。

（3）确认正常运转之后，再试运转 5~10min。

3. 停止运转时

（1）在停止自动扶梯之前，需确认有无发生异常声响或振动，如有问题则应立即停止使用自动扶梯。

（2）停止之前，不要让人进入自动扶梯的乘梯口。

（3）在确认自动扶梯附近或踏板上无人后，再把钥匙插入停止开关并进行操作，自动扶梯则停止。

（4）一天的运行结束后，要认真检查扶梯踏板、扶手带、梳齿板和保护裙板，并清洁。

（5）为防止乘客进入停止使用中的自动扶梯，应设置停用牌或用栅栏等挡住乘梯口。

二、直升梯设备的操作

当开始运行或停止垂直电梯时，请按下列顺序进行操作。（垂直电梯在各楼层均装有一个操作盘，任一操作盘都可以对液压梯进行操作。）

1. 开始运行之前

（1）将钥匙插入运行开关，旋转至开的位置，垂直电梯门打开。

（2）进入轿厢时，确认轿厢必须停在该层井道内。打开轿厢内照明和风扇。

（3）检查操纵盘上的开关、按钮（包括电源开关、维修开关、急停按钮、安全触板开关）是否正常工作，方向运行指示灯和命令记载执行是否正确。

2. 开始运行时

（1）先将垂直电梯空载上下行驶数次。

（2）检查垂直电梯是否有异响或异味等不正常的情况。

（3）做好上述工作后，垂直电梯方可投入使用。

3. 停止运行时

（1）停止运行时应将垂直电梯轿厢返回最底层。

（2）检查轿厢内外情况。做好清洁工作后，将轿厢照明，风扇关闭。

（3）在轿厢外将钥匙插入开关，旋转至关的位置，30s 后垂直电梯门自动关闭。

第七节　车站 AFC 设备

一、设备开机、关闭操作主要事项

1. 开机操作

（1）推上总电源控制模块电闸。

（2）按下 UPS 后备电源开关。

（3）按下电源控制箱开关。

（4）按下工控机开关。

（5）设备上电后，将启动操作系统并自动加载应用软件，发现部件出现异音及不规则动作的情况，应立即停止操作，切断电源并报修，悬挂停用标志。

2. 关闭操作

（1）关闭工控机开关。

（2）关闭电源控制箱开关。

（3）关闭 UPS 后备电源开关。

（4）关闭总电源控制模块电闸。

二、设备中纸、硬币钱箱操作安全注意事项

（1）收取、更换纸、硬币钱箱必须一人操作、一人监护。

（2）须先成功登录设备，再进行操作。

（3）纸、硬币钱箱须在编码室内进行钱款添加、清点操作。

第八节 车站 AFC 设备突发状况的处置

一、车站发生火灾等紧急情况

（1）由车站行车值班员将情况汇报至运营公司调度。

（2）公司调度同意后，直接按下紧急按钮。

（3）使车站所有闸机三杆处于自由转动或者落杆状态，即时疏散车站乘客。

二、车站发生大客流爆满的情况

（1）由车站行车值班员将情况汇报至运营公司调度。

（2）公司调度同意后，直接按下紧急按钮。

（3）使车站所有闸机三杆处于自由转动或者落杆状态，即时疏散车站乘客。

三、车站发生列车故障情况

（1）当地铁发生故障时需要办理退票时，运营公司车站工作人员组织乘客通过专用通道（不经过闸机）出站。

（2）持单程票的乘客可在 7 天内凭单程票到各站售票窗口，售票员经分析、确认后办理退票或换票手续填写相关台账。

（3）持智能卡和现金票的乘客可在 7 天内到各站售票窗口办理免费更新手续。

第九节　车站巡视工作案例

案例 7–1

小张是某站值班站长，根据领导要求，他编写了本站值班站长设备巡视工作流程。

一、运营前

（1）通过视觉感受导向系统、信息显示系统、照明系统，如发现问题及时报修。

（2）通过听觉感受广播等系统，如发现问题及时报修。

（3）通过操作售检票系统设备，检查设备使用情况，如发现问题及时报修。

（4）通过替代乘客步行乘坐自动扶梯、直升梯系统，检查设备使用情况，如发现问题及时报修。

二、运营中

（1）对上述设备的巡视，每班应不少于 4 次，如发现问题及时报修，并做好安全防护及警示、告示工作。

（2）对发生下列情况，应增加巡视检查次数：

①运行方式发生改变；

②车站遇突发事件；

③车站设施设备带病运行；

④主汛期、重大活动期间等；

⑤气候环境恶劣，如大风、暴雨、冰冻、高温等；

⑥新设备、检修消缺后的设备、事故后投运的设备；

⑦其他需要增加巡视检查次数等。

三、运营后

对未修复的设备进行记录，并填写在相关各类台账中。

复习思考题

一、车站常用客运设备有哪些？各自的功能是什么？

答：1. 客运服务设施

为乘客乘坐轨道交通提供基础服务的客运设施及辅助性服务设施。包括基础设施，如自动扶梯、乘客候车椅、卫生设施等及辅助性设施，如乘客信息显示屏、信息查询系统等。

2. 导向系统

导向标识系统提供引领乘客进入车站、乘车和离开车站的信息，紧急疏散时能引导乘客顺利离开危险区域并最终离开车站。导向系统包括各类导向标志、禁令标志及其他设备、设施标志。

3. 广播和乘客信息显示系统

（1）广播系统；

（2）乘客信息显示系统。

4. 售检票系统

为乘客提供售票和检票服务的一系列相关设备。目前国内采用的售检票系统有人工售检票和自动售检票两种。

二、简述列车运行期间车站屏蔽门操作的安全规定。

答：在系统正常运行模式下，列车正确停站时，屏蔽门 / 安全门系统接受信号系统（ATC）指令控制活动门的开 / 关。当列车停站，信号系统在收到司机打开列车车门指令后，自动执行解锁、开门等顺序操作。列车准备发车时，信号系统在收到司机关闭列车车门指令后，自动执行关门、闭锁等顺序操作。在所有屏蔽门 / 安全门关闭后，屏蔽门 / 安全门控制器向信号系统发出所有屏蔽门 / 安全门关闭并锁闭的信号，允许列车离站。司机确认所有列车车门和屏蔽门 / 安全门关闭完好、无夹人夹物后，方可发车离站。

三、车站AFC设备突发事件应急作业包括哪几种情况下的处置？应分别如何处置？

答：1. 车站发生火灾等紧急情况：

（1）由车站行车值班员将情况汇报至运营公司调度。

（2）公司调度同意后，直接按下紧急按钮。

（3）使车站所有闸机三杆处于自由转动或者落杆状态，即时疏散车站乘客。

2. 车站发生大客流爆满的情况：

（1）由车站行车值班员将情况汇报至运营公司调度。

（2）公司调度同意后，直接按下紧急按钮。

（3）使车站所有闸机三杆处于自由转动或者落杆状态，即时疏散车站乘客。

3. 车站发生列车故障情况：

（1）当地铁发生故障时需要办理退票时，运营公司车站工作人员组织乘客通过专用通道（不经过闸机）出站。

（2）持单程票的乘客可在 7 天内凭单程票到各站售票窗口，售票员经分析、确认后办理退票或换票手续填写相关台账。

（3）持智能卡和现金票的乘客可在 7 天内到各站售票窗口办理免费更新手续。

第八章　人力资源管理

学习目标

★掌握员工考勤制度和假期制度；
★掌握员工考核和奖惩制度；
★了解岗位培训内容和注意事项；
★掌握班组管理要求。

第一节　员工考勤和假期管理

一、员工工作时间

（一）一般岗位工作时间

轨道交通企业实行国家规定的法定公休日和节假日休假制度，按照国家规定的工作小时时间进行生产作业。员工每日工作时间不超过 8h，平均每周工作时间不超过 24h。

（二）生产岗位工作时间

受轨道交通运营时间限制，生产工作岗位员工工作性质特殊，不能实行每日 8h 工时制，实行综合计算工时工作制度或不定时工作制度。

（三）加班和补休

员工在法定标准工作时间以外，延长工作时间、在休息日、节假日工作，公司按国家规定支付加班工资或给予补休。

二、车站站长考勤管理

（一）考勤标准

员工考勤以该员工岗位作息时间规定为标准，员工上班时间未到岗，又未办理请假手续的，视为迟到或旷工，下班时间未到，擅自离岗的，视为早退或旷工。

办理请假手续的员工必须有相应的请假单。假单的假期类别与考勤表应保持一致，假单应妥善保管。每月考勤、假单汇总后交组织人事部，作为薪酬考核计发的依据。

（二）考勤要求

车站站长需每日、每班亲自记录员工考勤情况，认真负责，实事求是，确保考勤表记录和各类假单的准确、完整和统一，并将考勤表进行公示。

三、员工请假手续

（1）员工因各种原因不能到岗或不能准时到岗的，应办理请假、补休手续。

（2）员工请假、补休的，应提前一天根据假期类别办理相关手续，并经车站站长同意后，方可准假。因特殊原因（指意外情况，员工本人无法掌握和控制的）或疾病，无法事先办理请假、续假手续的，应电话请假并说明原因，经车站站长同意，事后持有效证明办理补假手续。

（3）员工请假、补休期满，应及时销假。无法按时销假的，必须在原假期、补休期满前一天申请续假，并办理相关手续。

四、假期类别和期限标准

（一）病假

员工病假应持医疗机构相关证明，办理病假请假手续。员工病休进入长病假后要求复工的，必须提供医疗机构的复工证明，并附员工本人要求复工的亲笔签名书面申请，由劳动能力鉴定委员会讨论决定后，视员工情况安排复工。

（二）事假

员工因私事，并有正当理由的，且又必须由员工本人亲自处理的，办理相关手续可请事假。

（三）婚假

符合法定年龄的员工结婚，可办理婚假请假手续。领证一年内享受，建立劳动关系后认可。

（四）产假

女员工生育或流产的，持相关医疗机构证明，可办理产假请假手续。

（五）产前假

女员工妊娠七个月以上，如工作上许可，经本人亲笔签名书面申请，可请产前假两个半月。产前假期间工资待遇按国家相关规定执行。

（六）探亲假

员工工作满一年，与配偶或父母分居两地又不能在公休假日在家居住一昼夜的，可办理相关手续享受探亲假。探亲假期间包括公休假日和法定节假日。探配偶，每年一次，假期三十天（员工自愿并由本人亲笔签名书面申请两年一次的假期为六十天）。未婚员工探望父母，每年一次假期二十天（员工自愿并由本人亲笔签名书面申请两年一次的假期为四十五天）。已婚员工探望父母，每四年一次假期二十天。

（七）丧假

员工的直系亲属（父母、配偶和子女）死亡后，给予三天丧假。员工的岳父母或公婆死亡后，给予两天丧假。

（八）工伤假

员工因工负伤，经专业部门认定并出具书面工伤认定证明的，其休息时间按工伤处理。工伤假期间的待遇按国家和本市规定执行。

（九）迁居假

员工因居住地动迁，凭动迁主管部门的相关证明，可给予两天迁居假。

（十）少数民族习惯的节日

员工中少数民族习惯的节日，根据国家和本市相关规定，持相关主管部门的休假证明，可办理相关手续后休假。

（十一）带薪年休假

员工累计工作满一年不满十年的，年休假五天；满十年不满二十年的，年休假十天；满二十年的年休假十五天。

第二节　员工奖惩与考核制度

一、奖惩与考核机制建立

为维护公司劳动纪律和各项规章制度执行，保障公司各项工作正常进行，更好地调动、发挥全体员工的劳动积极性和创造性，提高企业管理水平并健全岗位考核标准，公司必须制定相应的奖惩制度与考核制度，做到考核有据，奖惩公开。

二、考核和奖惩应遵循的原则

（1）客观公正的评价原则。

车站站长进行员工考核时必须公平、客观的进行评定考核，考核过程公开，考核结果公开。考核和奖惩的措施和结果与相应规章制度一致。

（2）实事求是，注重科学，讲求实效的原则。

在制定考核标准和奖惩规定时，从实际出发，科学制定考核办法和奖惩标准，合理设置考核指标和分值，有序开展考核工作。

（3）鼓励先进，鞭策后进的激励原则。

考核本着鼓励先进、激发干劲的目的，最大限度发挥员工的工作积极性、主动性、创造性，以先进带动后进，实现总体服务水平提高。

三、员工考核的程序和作用

（一）考核的程序

车站站长在日常管理过程中必须落实责任制，形成“工作开展到哪里，考核就到哪里；过错发生在哪里，问责追究就跟到哪里”的考核机制，将责任具体落实到每一个岗位，实现制度、机构、岗位、人员、责任的有机结合，部门之间、岗位之间建立起一种齿轮传动式的工作机制。

车站站长开展岗位考核工作时，要实事求是，防止形式主义，避免草率从事。考核工作的全过程要贯彻以定量为主，定性为辅，定量和定性相结合的原则。考核结果必须以书面通知，并送达被考核人，由其本人签名确认。

（二）考核的作用

通过车站站长对每个员工的考核，公司将最终考核结果作为员工岗位升降、职务任免、职称或技能等级聘任、工资分配、解除或续订劳动合同以及各类先进评比、表彰的主要依据。

第三节　员工岗位培训

岗位培训就是根据岗位要求所应具备的知识、技能而为在岗员工安排的培训活动。其目的是提高在岗员工的业务知识，服务态度和专业技能。岗位培训可分为适应性岗位培训和规范化岗位培训。车站站长对车站员工主要进行适应性岗位培训。

一、适应性岗位培训

（一）岗前培训

车站站长对于车站员工应先培训，后上岗。当员工掌握相关岗位技能后再安排相应工作。

（二）转换岗位培训

对于一些转换岗位、岗位晋升的员工车站站长应安排员工进行新岗位培训，适应新的要求。

站务员岗位包括站台监护站务员、客服中心站务员、巡视岗站务员，各岗位作业侧重点不同。站台监护站务员工作重点是做好接发车工作，监护站台安全，确保乘客乘车安全；客服中心站务员工作重点是做好乘客票务处理工作，回答乘客各类问询，确保票款安全；巡视岗站务员工作重点是进行车站巡视，及时发现车站安全隐患，防止各类突发事件发生。值班站长安排员工进行岗位转换时，应及时进行新岗位培训，确保员工能适应新的岗位要求。

（三）应急培训

根据岗位需要，车站应制订相应的应急预案，车站站长利用班前会进行培训，并组织进行相应的演练、技术比武活动。

（四）提高培训

根据公司出台的新要求、新规范，车站站长需要不断对在岗在职人员进行新知识、新技能的继续教育，以提高其适应能力。

（五）一事一训

根据某一特定事件、特殊任务，车站站长应加强相关培训，最大限度实现“按需培训”“干什么，学什么，缺什么，补什么”的原则。

二、规范化岗位培训

规范化岗位培训就是根据岗位规范，在达到一定学时培训后，进行严格考核、发证的资格培训。规范化岗位培训注意事项如下：

（1）培训对象具有全员性和各异性。岗位培训在实行全员培训之中，要做到因岗因职而异，即按千差万别的各个不同岗位、不同职务的不同需要，安排级别不一、内容不一、层次不一的培训，并使之有机地结合起来，形成体系。

（2）培训要求具有规范性。凡是岗位培训，都应有岗位或技术等级标准，有培训目标，有培训计划，有严格的考试、考核，有岗位职务证书。

（3）培训内容具有全面性和实用性。在培训中要做到培训环境与工作环境一致，使员工尽快进入角色。同时干什么学什么、缺什么补什么，以适应本岗本职的需要。

（4）培训方式具有多样性和灵活性。按不同岗位职务的需要，进行多内容、多层次、多规格的培训，根据生产工作情况的变化，灵活地加以安排。在培训中加强员工之间相互交流和体会。

（5）培训进程具有阶段性和延续性。每个岗位的规范都有一定的标准要求，这个标准不能天天变，应持续一个阶段。岗位培训对每个人来说又具有由低到高的延续性，不能一次完成，一劳永逸。

第四节　班组管理

一、班组基本介绍

班组是日常运营生产工作中最基本的单元，所有生产活动都在班组中进行，所以班组工作的好坏直接关系着企业经营的成败，只有班组充满了勃勃生机，企业才会有旺盛的活力。班组就像人体上的一个个细胞，只有人体的所有细胞全都健康，人的身体才有可能健康，才能充满了旺盛的活力和生命力。

二、班组管理作用

班组作为企业的最小生产单位，班组管理是企业管理的基础，直接承担着最基本的运营生产任务，因此车站站长作为班组管理者有三个重要作用：

（1）班组管理影响着公司生产决策的实施，因为决策再好，如果执行者不得力，决策也很难落到实处。所以车站站长的班组管理影响着决策的实施，影响着企业目标、决策的最终实现。

（2）班组管理既是承上启下的桥梁，又是员工联系领导的纽带。

（3）班组管理者是运营生产的直接组织者和运营生产的劳动者，所以班组管理者既是技术骨干，又是业务上的多面手。

三、班组管理重点

（1）班组管理的重点是抓好班组的各项管理制度（包括岗位责任制度、岗位技术练兵制度、设备工具维护保养制度、安全文明生产制度、交接班制度、考勤制度、民主管理制度、职业道德规范、思想工作制度等）。

（2）抓好班组的民主管理。车站站长要有民主意识，进行民主决策，利用民主作用，真正做到管理制度化、科学化、民主化。

（3）抓好科学的管理方法和手段。

四、班组管理方法

车站站长要充分调动广大员工的积极性和战斗力。这就需要车站站长具有“大”和“小”两只眼睛，学会把本班组的工作分解量化，落实到每个员工。并使每个员工力所能及，干好本员工作。

一个优秀的车站站长一定是一个善于用人的车站站长，在分派工作时因人而异，并注意日常工作中的变化，及时调整，运筹帷幄。这样工作就会条理清晰，思路明确，起到事半功倍的效果。

（一）学会恩威并施

车站站长要懂得尊重和理解的力量，要懂得权利并不等于权威，要树立威望和威信，用威望和威信来感召员工，而不是用权力去压人，制约人，要掌握好严与爱的尺度，一定要善待你的每一位员工，要注意自己的说话方式和做事艺术，使员工乐意接受你的管理，服从你的指挥。

作为车站站长应该有度量，戚戚于个人恩怨和患得患失的人难成大业。相反，善于从纷繁杂乱中理出头绪，在大目标下举重若轻，在指标和进度里游刃有余，不仅有利于磨炼意志，更有利于树立个人威信。工作中认认真真，生活中和和气气，以阳光和快乐的心情示人，让员工感觉你没有架子，和蔼可亲，有利于班风的和谐建设。

（二）要有差别认识

在班组管理中，车站站长每月对员工的绩效扣分，就是一种差别认识的体现。如果车站站长打给组员的分数是随意的，分数高的不知高在哪，分数低的也不知差在哪，那就不要奢望组员能积极地做好工作。只有制订公平合理的制度，按多劳多得，不劳不得的分配原则，进行公正的管理，才能调动组员的积极性，做好管理工作。

（三）有角色认知，起好“桥梁”作用

车站站长是“兵头将尾”，在领导面前是兵，在班组中是将，具有承上启下的特殊作用。是上下连接的“桥梁”。一方面要加强与领导的联系，另一方面要关心

员工。既要把领导的管理意图和生产任务很好地传达、分配到班组每一个员工，同时还要收集每个员工反馈的信息，反映给领导，以便让领导及时地知道决策的正确与否，对不适当的地方进行调整，使生产能健康平稳的进行。

（四）学会赏识

有句话叫“好孩子是夸出来的”，其实班组管理和教育孩子具有相同的道理，对于一些表现较好、工作比较积极的员工，如果车站站长能适时地给予一些表扬和赞赏，那么他们就会信心倍增，更加积极努力地工作。当然这种赞赏和表扬一定要是真诚的，居于事实的，客观的，而不是一种虚伪的吹捧或敷衍。这种表扬和赞赏如果运用得好，同样能起到好的效果，尽管只是一种口头上的，没有物质基础的表扬。因为这是一种发自内心的赏识，可以使人在精神上得到满足，同时也是对他人工作的一种认可和肯定。

复习思考题

一、简述假期类别和相应的期限标准。

答：1. 病假

员工病假应持医疗机构相关证明，办理病假请假手续。员工病休进入长病假后要求复工的，必须提供医疗机构的复工证明，并附员工本人要求复工的亲笔签名书面申请，由劳动能力鉴定委员会讨论决定后，视员工情况安排复工。

2. 事假

员工因私事，并有正当理由的，且又必须由员工本人亲自处理的，办理相关手续可请事假。

3. 婚假

符合法定年龄的员工结婚，可办理婚假请假手续。领证一年内享受，建立劳动关系后认可。

4. 产假

女员工生育或流产的，持相关医疗机构证明，可办理产假请假手续。

5. 产前假

女员工妊娠七个月以上，如工作上许可，经本人亲笔签名书面申请，可请产前假两个半月。产前假期间工资待遇按国家相关规定执行。

6. 探亲假

员工工作满一年，与配偶或父母分居两地又不能在公休假日在家居住一昼夜的，可办理相关手续享受探亲假。探亲假期间包括公休假日和法定节假日。探配偶，每年一次，假期三十天（员工自愿并由本人亲笔签名书面申请两年一次的假期为六十天）。未婚员工探望父母，每年一次假期二十天（员工自愿并由本人亲笔签名书面申请两年一次的假期为四十五天）。已婚员工探望父母，每四年一次假期二十天。

7. 丧假

员工的直系亲属（父母、配偶和子女）死亡后，给予三天丧假。员工的岳父母或公婆死亡后，给予两天丧假。

8. 工伤假

员工因工负伤，经专业部门认定并出具书面工伤认定证明的，其休息时间按工伤处理。工伤假期间的待遇按国家和本市规定执行。

9. 迁居假

员工因居住地动迁，凭动迁主管部门的相关证明，可给予两天迁居假。

10. 少数民族习惯的节日

员工中少数民族习惯的节日，根据国家和本市相关规定，持相关主管部门的休假证明，可办理相关手续后休假。

11. 带薪年休假

员工累计工作满一年不满十年的，年休假五天；满十年不满二十年的，年休假十天；满二十年的年休假十五天。

二、员工适应性岗位培训包括哪些种类？

答：（1）岗前培训；

（2）转换岗位培训；

（3）应急培训；

（4）提高培训；

（5）一事一训。

第九章　车站综合管理

学习目标

★了解车站综合管理目的；

★了解车站综合管理要求；

★了解车站综合管理具体内容。

第一节　车站综合管理概述

一、车站综合管理目的

通过积极落实综合目标管理责任制和安全生产责任制，健全安全管理网络，充分发挥综合治理优势，结合自身实际，不断夯实基础，围绕强化组织领导、维护内部稳定、强化治安防控、夯实基础管理。车站需切实加强检查指导和督促，把工作目标责任落实到人，做到横向到边、纵向到底，并将综合管理工作的实绩作为年度考核的重要内容。

二、车站综合管理要求

（一）完善信息网络，畅通信息渠道

（1）及时发现和掌握可能影响稳定的人和事，按规定归口上报。

（2）自觉执行工作定期书面报告制度，重大情况及时报告，重要情况不漏报、迟报、瞒报或作虚假报告。

（二）及时化解矛盾纠纷，有效处置各类突发事件

（1）认真接待乘客来信来访，不推诿、不拖拉。

（2）对可能影响稳定的重点人和事，制订相应的疏导稳控措施，将责任落实到人。

（3）制订切实可行的处置突发事件预案和处置流程。

（三）健全和落实工作制度

（1）建立健全工作奖惩考核制度。

（2）完善和实行工作责任追究制度。

（3）明确和实施一票否决制。

（4）工作基础台账健全。

（5）坚持年初有工作计划，专项工作有部署，有检查，年终有总结。

（四）加强法制宣传教育

（1）有计划组织开展车站人员的业务培训。

（2）对员工工进行安全防范、防火、防盗、禁毒、禁赌等宣传教育。

（五）加强车站各类巡视工作

（1）扰乱车站正常运营秩序的行为：违章设摊、散发小广告、黑车拉客、乱停放车辆、黄牛、流动报贩、乞讨、抽烟、黑广告、盲流、逃票。

（2）在岗人员佩戴“安全员”臂章，严格按照相关规定执行好巡视工作。

（3）站台站务员加强对站台的巡视，特别是折返站，防止无关人员进入轨行区。

（4）加强对折返列车的清客工作，防止乘客被列车带入折返区域。

（5）通过 CCTV 对车站重点部位加强监控，做好相关记录。

三、车站综合管理内容

车站综合管理，主要包括车站定制管理，车站自助设备、商铺管理，车站志愿者及小时工管理，车站文明建设，车站同创共建，车站星级评定，服务品牌管理，车站贯标管理，车站卫生管理等内容。

要落实车站综合管理,需通过站长对车站所辖范围定期进行巡视、检查方能实现。

第二节　车站巡视工作内容

一、巡视重点

车站出入口、乘客行走通道、售票区域、楼梯、自动扶梯（无障碍电梯）、安检点、收费区、公共厕所、换乘通道、其他面向乘客开放的车站公共区域。

二、巡视要求

（1）在岗人员佩戴“安全员”臂章，严格按照相关规定执行好巡视工作。

（2）每日除开站和清场外，每班对车站的巡视应不少于 4 次。

（3）每班至少通过调看区间旁通道、岔区监控录像检查监控 1 次。

（4）对站内公共厕所每 2 小时巡视 1 次。

（5）车站站长应将公共区域巡视检查情况及巡视中异常情况处置在《车站站长台账》内做好记录。

（6）车站遇突发情况时，车站站长按预案先行处置，处置完毕后应对车站整体范围再行巡视确认。

（7）发生下列情况时，车站站长应增加巡视检查次数：

①运行方式发生改变；

②车站遇突发事件；

③车站设施设备带故障运行；

④主汛期、重大活动期间等；

⑤气候环境恶劣，如大风、暴雨、冰冻、高温等；

⑥新设备、检修消缺后的设备、事故后投运的设备；

⑦其他需要增加巡视检查次数等。

（8）巡视中发现设施设备异常情况，应通知车站值班员在公司运营生产管理平台上报修并做好安全防护及警示、告示。

（9）车站站长应根据巡视情况，认真填写相关各类台账。

第三节　车站定制管理

一、目的

为全面规范车站管理，提高车站员工的工作效率，为员工打造更舒适、良好的工作环境，为乘客提供更优质的服务。

二、车站定制式管理要求

（1）车站生产和管理用房内各类设备、物品应按定制化管理的要求摆放，做到物各有位，物在其位。

（2）车站工作区域和生产区域应进行严格划分，不在工作区域摆放与工作无关的物品。

（3）车站应保持生产和管理用房环境清洁、优美，做到各类生产和管理用房内及通道内无烟蒂、无垃圾、无杂物、无积灰、无污渍。

（4）车站在生产及管理用房区域内进行施工作业的，应做到施工区域与非施工区域严格区分，标志明显，同时做好隔离，施工区域物品应摆放整齐。

三、车站定制式内容

（一）车站管理用房

（1）做到各类办公用具、台账等物品不零散、不破损，整齐摆放在指定位置，并根据使用情况进行分类摆放。

（2）应保持工作台干净、整洁，工作台上各类工作中需使用的物品应做到分类有序摆放。

（3）各类工作电话、广播设备、监控设备等应明确标识、摆放整齐、保持表面清洁。

（4）管理用房的房门应处于锁闭状态，避免无关人员随意进出。

（5）不得在管理用房工作区域内摆放茶杯、饭盒、面纸等各类生活用品，应在指定区域内喝水、饮食。

（二）车站机房和设备用房

（1）各类机房和设备用房内设施设备的摆放等应按严格标准化规范要求进行管理。

（2）工作人员进出各类无人值守机房、设备用房时应利用门禁系统进行登记，未设置门禁系统的各类无人值守机房、设备用房、工作人员应在车站车控室进行人工登记或向相关控制中心驻勤值班进行电话登记。当工作人员离开无人值守的机房和设备用房时应关好门窗；利用门禁系统或人工方式进行销点。非当班工作人员进出有人值守机房、设备用房时，应在值班员处进行登记，离开时进行销点。相关记录应保存时间按台账保存时限规定做好台账的保存工作。

（3）各类机房和设备用房的管理责任单位负责所管辖范围的环境卫生保洁工作，设施设备的管理责任单位负责所管辖设施设备的表面和内部保洁工作。

第四节 车站自助设备、商铺、志愿者及小时工的管理

一、车站自助设备及商铺的管理

（1）车站内所设立的自助设备及商铺由其专属的厂家或商家进行维护与管理。

（2）如遇自助设备发生故障时，为确保安全，车站将对设备进行先期处置（包

含对自助设备的断电、张贴故障告示及向相应的厂商报修）。

（3）车站必须了解商铺内的消防安全设施，促使商铺负责人做好消防设施的检查工作，在突发事件的情况下，车站与商铺所有工作人员对于突发事件能进行相应的联动处置。

（4）车站交通卡公司银行卡充资机设备故障案例。

某日，在车站站厅内放置的交通卡公司银行卡充资机设备发生故障，乘客向车站站长求助。针对不同的故障，站长应采取的措施如下：

① 出现暂停服务等故障，车站联系相关人员，并上报屏幕左下角的数字。

②在充资过程中，设备出现充资异常，设备会打印故障凭条，请用户凭异常凭证联系维护热线。

③在充资过程中，设备出现银行卡被吞现象，车站应及时联系维护热线，请乘客在现场等待维护人员到场，当面核实银行卡信息后，取回银行卡。

④在售卡过程中，若出现售卡故障，设备将自动进行冲正操作，并关闭售卡仓，设备进入异常状态，停止交易，由现场维护人员处理后，恢复业务操作。

⑤在退卡过程中，若出现退卡故障，则用户取回交通卡，并将交通卡送至交通卡公司客户服务中心进行人工处理。

⑥拨打现场维护热线：28904116。

二、车站志愿者及小时工的管理

（1）车站在高峰期间或特殊情况下除车站工作人员外，会有志愿者及小时工参与车站日常的秩序维护，车站应明确志愿者与小时工的工作职责，确定志愿者及小时工日常的工作时间及所在的岗位位置。

（2）在发生突发事件的情况下，合理安排志愿者及小时工，将站内秩序控制在可控范围内，避免发生意外事件。

第五节　车站文明建设

一、发挥榜样带头作用，让员工有归属感

（1）首先，站长要从实际出发，在工作过程中与员工多交流，并在交流沟通的过程中了解员工的思想状况，如果发现问题，切实地帮助他们解决问题，在精神上

引导他们从整体的利益出发，构建一个和谐的车站集体，把一切影响工作正常开展的因素扼杀在萌芽状态，从而使得员工能以积极的态度和充沛的精力投入到工作中去。与此同时，时常开展座谈会，并通过在座谈会后写心得体会等途径，全面了解员工的思想工作，从和他们的谈话和心得体会中倾听他们的心声。

（2）其次，在思想上让员工能清楚地分开个人的利益和集体的利益，不能把两者混为一谈，针对员工在工作过程中容易出现的问题或是将出现的问题对症下药，提高他们抵制腐朽思想的能力，增强员工的法律意识和工作中各项规章制度的学习，积极发挥其主观能动性，并在业务上加强学习，以确保工作的正常开展。最后，定期开展最优员工选举活动，对于那些在工作中勤勤恳恳的员工要提出表扬，为别的员工树立榜样，开展员工交流会，让选举出的模范榜样和其他员工探讨自身的工作方法与思想，从而带动员工的工作积极性。

二、坚持以人为本，提高员工积极性

（1）首先要了解车站员工的心理活动，其次在做思想工作的同时要给予员工足够的尊重，让他们切实地感受到关心，有存在感，最终把他们能够凝聚在一起。所以，在思想工作开展的过程中，要牢固地竖立以人为本的思想，把爱岗敬业的思想植入职工的脑海中，让他们能在生活上实事求是。

（2）在思想工作开展的过程中与员工相互交流相互了解，在交流中知道他们所希望得到的利益、想要满足的愿望，从而在未来的工作中能有方向地给予帮助和支持。

（3）在平时，以平等的姿态与员工交谈，不脱离实际，不只讲大道理，用心用爱去关心和帮助他们，在慢慢交流的过程中成为真正的朋友，那么在传达思想和理念时才能更容易得到他们的认可，激发出他们的责任心，最终在思想政治建设工作进行的过程中不断地增强车站员工之间的凝聚力。

（4）开展思想政治建设工作的目的是让员工发扬吃苦耐劳的精神，坚持与时俱进和实事求是的思想，从而认识自身的价值观和人生观。在开展车站员工的思想政治教育中，让他们了解事实政治的最新动态，国家的最新方针，加强他们对法律的认识，从而在思想上能围绕着党中央的思想而前进，最终成为一个具有爱国主义情怀、全心全力为人乘客服务的好员工。

（5）对于那些思想觉悟高、政治作风硬朗、踏实的员工给予奖励或者给予一定的管理权，这样还能对员工产生激励作用。对于那些对工作敷衍了事、不遵守规章制度的员工要给予严厉的批评和教育。

第六节　车站同创共建

一、以突发处置为导向，创建应急联动型模式

（1）共建对象：政府机关、地铁商铺、车站周边企事业单位等。

（2）共建目标：在有重大客流疏散风险的枢纽站，组织建立响应快速、专业有素的应急志愿者队伍，保障上海轨道交通公共安全，完善上海城市公共安全应急机制。

（3）主要做法：共建各方签订服务公约；明确联络员、人员构成及联系方式；制订应急预案，绘制应急疏散志愿者岗位安排图；定期进行应急预案演练和观摩交流。

二、以社会服务为导向，创建志愿服务型模式

（1）共建对象：街道、社区、企业等。

（2）共建目标：营造安全、和谐、便捷、文明的窗口形象，着力提高公民道德素质，提升城市文明程度。

（3）主要做法：围绕党员教育联抓、思想工作联做、平安环境联筑、文明单位联创，制订地铁社区党建联建工作信息收集、处理、反馈制度；结合同创共建活动，加强高峰时段的志愿服务，对车站周边环境进行整治，并形成长效管理机制。

三、以乘客需求为导向，创建品牌服务型模式

（1）共建对象：民航、铁路、公交、码头等企业的服务品牌、服务明星。

（2）共建目标：通过与其他行业服务明星经验交流、信息互通、结对互动，来共同提高服务质量、创建培育服务品牌、提升企业形象。

（3）主要做法：与品牌创建目的相一致的单位形成共建关系，制订共建方案；定期开展经验交流、岗位体验、参观学习等活动；每年开展一次服务品牌满意度测评。

四、以公共文化为导向，创建文化科普型模式

（1）共建对象：政府机关、史料馆、纪念馆、博物馆、艺术团体、公园等。

（2）共建目标：体现城市精神，展示城市文化，彰显城市文明。

（3）主要做法：利用车站展示空间，加强爱国主义教育和理想信念教育，大力倡导社会主义核心价值观；宣传各类先进人物和事迹，为城市先进文化和精神文明提供正能量；提供空间场所，开展群众性文艺活动；以展示和互动方式，宣传普及各类环保、健康、科技等方面的知识。

五、以爱心公益为导向，创建关爱帮扶型模式

（1）共建对象：医院、街道社区“阳光之家”、敬老院、特殊学校、弱势群体等。

（2）共建目标：始终把关爱困难党员群众、帮扶弱势群体作为共建活动的切入点和落脚点，引导党员群众融入社会，展现企业勇于承担社会责任的精神面貌。

（3）主要做法：定期开展关心、慰问、捐助等公益活动；与车站周边医院就导医服务、义诊咨询、爱心接力开展活动；共建活动趋于周期化后，将双方共建拓展为多方共建。

六、以素质提升为导向，创建育人成才型模式

（1）共建对象：大学院校、集团内各专业单位等。

（2）共建目标：本着资源共享、优势互补、共同发展的原则，发挥共建各方优势，依托共建院校、企业实践平台，引导广大员工积极参与，提升员工整体素质，达到资源互补、多方共赢的目的。

（3）主要做法：为大学院校志愿服务、实践实训、师资挂职锻炼等提供平台；借力学校的教学资源、师资力量，为员工进行职业道德、法制常识、管理心理学等培训；集团内各专业单位加强关键岗位员工之间的思想、业务、技术交流互动，通过轮岗制度、联合培训制度，提升运营组织、指挥、协调过程中的默契度。

第七节　车站星级评定

一、评定范围

参加星级评定的客运服务人员包括如下岗位：车站站长、站务员（售检票、站台监护、服务中心等岗位）、电客列车驾驶员（不含乘务组长）。

二、星级设置

用星的数量表示服务人员服务水准的等级。星级分为三个等级，即一星级、二星级、三星级：

（1）一星级服务人员能够按照上海市轨道交通《客运服务人员通用服务工作规范及岗位工作标准》的要求为乘客提供规范服务。

（2）二星级服务人员在规范服务的基础上，积极学习先进，为乘客提供有特色的优质服务。

（3）三星级服务人员在规范服务的基础上，发挥创造性，为乘客提供个性化、人性化、精细化的岗位品牌服务。

三、星级评定部门和权限

客运服务人员星级评定工作由集团人事部、运营管理部牵头，其职责为制订星级评定工作的评分标准和服务质量检查办法，授权并督导各运营单位星级评定管理部门开展星级评定工作，并保有对各运营单位星级评定部门所评定的三星级客运服务人员以及破格二星级客运服务人员的复核权和否决权。

各运营单位星级评定部门按照统一的星级服务评定标准，组织本单位客运服务人员的星级评定与复核工作，同时，负责将本单位三星级客运服务人员以及破格二星级客运服务人员的评定检查资料上报集团星级评定部门复核。星级评定以实事求是、公平公正为原则，各运营单位星级评定部门对客运服务人员进行综合分析、严格把关、集体讨论通过。

四、星级评定工作原则

（一）同一岗位设立不同星级

根据各岗位的作业特点，设定各岗位的星级评定标准，按评定标准评定一星、二星、三星服务人员。

（二）星级评定周期

每年 1 月 1 日到 12 月 31 日为一个评定周期。运营单位根据本单位客运服务人员在过去一年评定周期的表现对其进行评定，并颁发相应的星徽，有效期为一年。

（三）星级数量

星级评定人数比例由集团公司每年视人员结构情况下达。

客运服务人员星级评定可以线路作为基本评定单位。

五、星级评定标准

各岗位的星级评定标准分为规范服务要求和品牌服务要求，一星级满足规范服务要求即可以评级，二星级、三星级除满足规范服务要求外，还应满足本星级对应的品牌服务要求。

（1）车站站长星级划分及评定标准如表 9–1 所示。

车站站长星级评定表　　表 9–1

星　级	规范服务要求	品牌服务要求
一星级	1. 取得行车值班员技能等级初级资格证书； 2. 从事车站车站站长岗位工作 1 年以上； 3. 在评定周期内运营单位服务质量检查中得分在 60 分以上（含 60 分）	
二星级	1. 取得行车值班员技能等级中级资格证书； 2. 从事车站车站站长岗位工作 3 年以上，其中取得一星级等级资格连续 2 年以上； 3. 在评定周期内所管理的班组乘客有责投诉事件发生率不高于百万分之一； 4. 在评定周期内运营单位服务质量检查中得分在 80 分以上（含 80 分）	1. 组织所辖班组内员工学习并推广各类特色服务，为乘客提供优质服务； 2. 在公司级及其以上的技术比武中取得优秀成绩的优先评定
三星级	1. 取得行车值班员技能等级高级资格证书； 2. 从事车站车站站长岗位工作 5 年以上，其中取得二星资格连续 2 年以上； 3. 近 3 年内所管理的班组乘客有责投诉事件发生率不高于百万分之零点五； 4. 在评定周期内运营单位服务质量检查中得分在 95 分以上（含 95 分）	1. 发挥主观能动性，在所辖班组内开展有创新性的品牌服务； 2. 能够较熟练地使用双语（普通话和英语）服务； 3. 在集团公司级及其以上的技术比武中取得优秀成绩的优先评定

（2）车站站务员星级评定如表 9–2 所示。

车站站务员星级评定表 表 9-2

星 级	规范服务要求	品牌服务要求
一星级	1. 从事车站站务员岗位工作 1 年以上； 2. 在评定周期内运营单位服务质量检查中得分在 60 分以上（含 60 分）	
二星级	1. 从事车站站务员岗位工作 3 年以上，其中取得一星级资格连续 2 年以上； 2. 评定周期内未发生乘客有责投诉； 3. 在评定周期内运营单位服务质量检查中得分在 80 分以上（含 80 分）	1. 学习并推广各类特色服务，为乘客提供优质服务； 2. 在公司级及其以上的技术比武中取得优秀成绩的优先评定
三星级	1. 从事车站站务员岗位工作 5 年以上，其中取得二星资格连续 2 年以上； 2. 近 3 年内未发生乘客有责投诉事件； 3. 在评定周期内运营单位服务质量检查中得分在 95 分以上（含 95 分）	1. 发挥主观能动性，开展有创新性的个性化、人性化、精细化品牌服务； 2. 能够较熟练地使用双语（普通话和英语）服务； 3. 积极开展传帮带教，以点带面带动其他员工，提高技能和服务水平； 4. 在集团公司级及其以上的技术比武中取得优秀成绩的优先评定

六、星级的升降

（一）星级的晋升

（1）按照星级评定标准，各岗位的客运服务人员星级按正常程序晋升；

（2）累计 2 次被评为公司级先进个人，或在评定周期内，被评为集团先进、行业标兵，获得市、部、全国荣誉称号或对企业有特殊贡献者（限个人），有资格破格晋升。

（二）星级的降级

发生下列情况，客运服务人员现有星级下降一个星级及以上：

（1）发生严重违章违纪行为；

（2）发生有重大影响的乘客有责投诉或媒体曝光事件；

（3）因本人工作失误造成事故、事故苗子或严重影响运营秩序、影响行业形象；

（4）在集团、运营单位组织的服务质量抽查中，抽查结果低于既有星级的要求；

（5）发生票款舞弊现象，相关责任人即刻取消所有星级，情节严重者另行处理。

第八节　服务品牌管理

一、建设目标

根据集团沪地铁运〔2013〕471号:《上海地铁服务品牌建设三年行动计划(2013—2015年)》的文件精神，上海地铁到2015年年底已实现以下建设目标：

（一）打造安全准点、标准规范的运营水平

实现列车运行正点率达98.5%以上、列车运行兑现率达99%以上；5min晚点事件发生数低于1件/35万车公里；15min有责晚点事件发生数低于0.14件/百万车公里；网络乘客有责投诉率低于0.05次/百万人次、网络运营管理类(含服务热线)有责投诉低于5起/年；服务人员(含热线服务)严格执行首问责任制和标准化作业。

（二）营造温馨和谐的运营环境

深化推进环境整治专项行动，营造卫生整洁、温度适宜的站车环境；积极推进车站信息化建设，定期检查整改、拾遗补阙，优化完善导乘信息；提升服务人员形象，提供亲和、诚信、规范的优质服务；加强共建联建，创建秩序井然、文明谦让、和谐舒适的乘车氛围。

（三）提供方便快捷的客运服务

站点布局合理；车站与车厢内的客运服务设施设备功能完善，车站/列车PIS设备完好率99%以上、屏蔽门/安全门可靠度98%以上、自动售票机可靠度99%以上、进出站检票闸机可靠度99%以上等；实现全路网服务中心运营监控，红黄牌信息实时公布，车站平面图、周边街区、首末班车等信息共享。

（四）鼓励窗口岗位的特色服务

鼓励窗口服务创新；根据乘客特征，并结合车站周边环境特点开展合适的特色服务，主动为乘客提供温馨、周到及时的服务；以人性化服务给予乘客关心和个性化的服务；以评比、竞赛、技术比武等形式推选安全标兵、服务标杆，形成特色服务产业链。

（五）创造和谐互动的沟通监督平台

充分运用各种自有媒体以及社会媒体广泛传播；策划专题活动吸引乘客参与；通过第三方监督及常态化听取市民巡访团、地铁督察员等建言献策，建立健全乘客投诉意见灵敏响应机制；实现年度第三方测评高于85分；年度乘客满意度高于83分；年度精神文明行业测评名次进入全市窗口单位“绿色”阵营，交通运输板块前三甲。

二、保障措施

（一）完善统筹管理组织机制

（1）由各单位主要负责人成立服务品牌建设领导小组（组织体系），主要负责建设方案审定、年度目标确定、重大事项决策等工作，并定期对服务品牌建设工作进行阶段性总结和部署。

（2）由各相关单位分管领导、相关部门负责人组成推进工作小组，推进办公室常设于集团运营管理部，集团党委办公室配合运营管理部开展相关工作。

（3）建立服务品牌建设推进联席会议制度，由推进工作小组统筹协调日常推进工作，贯彻执行领导小组具体要求，完善实施方案，建立包括人才培训、工作评估、监督考核等相关机制的制订与落实，协调解决服务品牌建设过程中出现的各类问题与矛盾。

（二）实现服务流程标准化

（1）进一步规范并优化服务流程。倡导员工树立主动服务意识，严格遵守《上海轨道交通运营服务规范》《上海轨道交通网络监督服务热线管理规定》等相关规定，实现车站值班员、列车司机、站务员、服务热线等服务岗位标准化流程，改进提升服务质量。

（2）优化应急服务处理流程。结合《上海轨道交通车站限流管理规定》《上海轨道交通大客流处置预案（试行）》等方案要求，优化突发事件的大客流组织，增强与乘客信息上的交互性，通过合理配置抢修资源，提高应急处置能力。

（3）完善服务岗位工作标准。以《客运服务人员通用服务工作规范及岗位工作标准》《上海轨道交通客运服务质量标准》为准绳，以乘客需求为导向，统一并完善各客运服务岗位的工作标准，树立员工主动服务意识，提升上海地铁服务能力和综合服务水平。

（4）规范服务信息设置。建立市民监督整改机制，完善服务信息、整合服务信息资源，根据《上海地铁运营服务信息管理办法（试行）》《上海轨道交通运营区域商业、广告设置管理实施办法（试行）》相关标准，使导乘信息服务准确及时，服务信息设置规范合理。

（三）丰富优质服务创建载体

（1）开展“优质服务月”活动。每年 3 月定期开展优质服务月活动，以各运营公司为单位结合自身线路特点开展“优质服务月”活动，拓展活动内容、丰富活动形式、创新活动主题，狠抓服务质量和服务态度，外塑形象，内强素质，树立维护上海地铁良好的社会形象。

（2）组织星级服务员、车站站长评选。按照《上海地铁星级服务评定管理规定（试行）》标准，每年定期评选星级站长、司机及站务员，以一定的经济报酬和优先的晋升机会吸引员工形成岗位竞争良性循环，以点带面制造客运服务品牌效应，推陈出新建立车站规范管理、文明服务、优良秩序的长效机制。

（3）创建文明站点。针对地铁出入口区域的环境管理，地铁与街镇（社区）开展精神文明建设的责任共担、资源共享、文明共创的“同创共建”活动，建立长期合作结对关系，形成长效互动管理机制，消除地铁出入口区域的“脏乱差”现象，达到“无设摊、无杂物、无乞讨”的三无环境程度，实现地铁车站出入口周边的环境整洁、通道畅通、秩序有致、氛围文明。

（4）建设“文明商铺”（商业设施）。由资产公司落实车站“文明商铺”创建工作，落实常态化检查和管理，根据《地铁车站商业网点现象环境和安全控制标准化执行规范》要求，量化执行标准，提升经营人员规范服务意识，营造文明规范、管理达标地铁商铺形象。

（5）开展窗口评比。针对服务规范执行和服务质量情况开展窗口服务检查，推进第三方测评机制有效运转，强化接发列车、售检票、服务问询、乘客指引等各道工序过程管控，完善运营服务功能需求，依据考评成绩配合集团做好“优胜单位”“优胜线路”“优胜车站”评比工作。

（6）举行劳动竞赛。强化运营管理，广泛开展轨道交通运营服务劳动竞赛活动，激发服务窗口一线员工的工作积极性，争创运营服务品牌。根据不同主题推进工作，积极开展安全隐患排查，梳理制度规章，保持危机意识，建立长效考核机制，推进各岗位作业规范、激发员工创先争优、荣辱与共的精神。

（四）创新服务信息技术应用

（1）完善乘客自助查询系统。适应网络化运营需求，不断完善自助查询系统服务信息的准确性，使乘客可以快捷查询车站出入口、厕所、无障碍设施等设备位置，自助选择出行信息。

（2）优化乘客导乘系统。进一步提高乘客导乘系统（PIS屏）行车信息的准确性、时效性，探索研究导乘系统功能，如：探索有效衔接其他公共交通信息，扩大导乘信息涉及范围。

（3）完善客服支持系统。进一步整合车站各类服务资源，方便内部工作人员及时掌握各类设施设备的工作状态，实现路网与站点信息联动，在紧急情况下实现内部信息快速流转、有序处置的功能。

（4）依托媒体宣传信息。充分运用各种社会媒体（包括报纸、杂志、电视、广播）和上海地铁自有媒介（客流信息诱导系统、客服支持系统、电视直播、微博/微信、APP）等多元化科技服务手段，建立立体化信息平台进行广泛传播，实现对外运营信息专业化和精细化管理，拓宽宣传深度与广度，提升公关水平，发扬品牌服务品质。

（五）拓宽内化培训组织

（1）定期组织员工培训。紧密结合基层岗位特点，进一步扩大人才培养、班组建设等工作，由教培中心、各运营公司通过定期组织广覆盖、多层次、针对性强的培训，提升队伍技能水平和"两纪一化"执行意识。

（2）加强后备力量培养。各单位应组织做好后备人才培养工作，根据新线人员需求量体裁衣做好行车作业及设备维护人员储备与培训，为新线高质量投入试运行创造良好条件。

（3）建立激励晋升机制。加大一线管理人员的培养、发展力度，通过评比、竞赛、技术比武等活动，发展提升车站站长、优秀员工、十佳员工等，做好基层管理人员和专业技术人员考评工作，建立激励晋升机制，完善干部选拔任用制度。

（4）提高员工职业素养。各单位应长期做好员工职业道德培养工作，加强内部宣贯，提升员工文明素质，增强员工归属感，使服务品牌的建设真正融入每一个地铁人的实际行动中。

（六）强化设施设备保障力量

（1）完善设施设备维护标准。深化推进设施设备的维修管理标准，制订细化实施制度，加强日常例检和养护维修管理，建立健全联检联修机制，强化维修保障部门和后勤部门的技术支持，针对性落实故障缺陷整治措施，及时修复各类严重影响运营质量的故障，不断提高设施设备的可靠性。

（2）强化应急保障机制。建立健全应急保障以及现场抢险联动机制，完善现场抢险设备物资配置，适时开展应急预案演练，提升风险防控水平，减少和消除安全隐患。针对严重影响运营质量设施设备故障，相关单位要组织力量进行攻关研究对策，确保运营稳定、有序。

（七）完善考评奖惩机制

（1）完善服务质量考核办法。各单位应在日常检查、专项督查的基础上，积极开展文明创建展现良好窗口形象，结合服务质量、环境治理和窗口竞赛评比等工作，完善服务质量考核办法，明确考核项目、考核指标、评价标准，推行逐级绩效考核，落实运营企业负责人的经济责任制。

（2）接受行业专业服务质量考核。充分利用CoMET组织成员间学习交流的机会，积极参与集团公司组织开展的行业交流会，做好文明指数测评、行风测评和乘客满意度测评相关工作，主动接受人大代表、政协委员等监督，对各类意见及建议以规范化、制度化形式及时反馈沟通联系，推进服务管理。

（3）引入外部检测监督机制。以第三方评估、乘客委员会、乘客恳谈会、信访、12345（12315、12319）等外部监督机制，对运营服务质量进行考评，切实了解服务现状，为服务质量持续改进提出依据。

（八）建立共建联建合作机制

（1）建立与公安、城管等部门联动的综合治理机制，严格执法，整治“四乱”等问题，创建和谐舒适的地铁乘车环境。

（2）建立与社区（单位、团体）的共建联动机制，构筑社会组织的互动协作平台，实现合作共赢、社会和谐的服务目标。

（3）建立与新闻媒体的合作宣传机制，充分挖掘公共媒体的信息传播能力，促进服务信息的有效传播。

（4）建立与市民乘客对话、参与、沟通的活动机制，创建乘客信息沟通平台，建立上海地铁优质服务品牌良好口碑。

（5）建立与市文明办、沿线社区联动的志愿者活动机制，引导乘客文明出行，共同创建文明有序的地铁乘车氛围。

（6）建立与全国地铁行业间交流、学习的促进机制，充分汲取国内外同行在运营组织、企业品牌建设工作中的经验和得失，推进轨道交通文明车站的服务管理。

第九节　车站贯标管理

一、一体化（三标合一）管理体系贯标

按照《质量管理体系　要求》（GB/T 19001—2008）、《环境管理体系　要求及使用指南》（GB/T 24001—2004）、《职业健康安全管理体系　要求》（GB/T 28001—2011）三个标准的要求，建立一体化的运行管理体系，并通过第三方的认证。

二、“贯标”的目的

将国际化标准管理体系的先进理念和持续改进的思想方法，引入到公司的各项运营生产和管理中去，规范生产和管理行为，做到工作就是按照贯标要求进行，两者自然融合，从而提升公司整体管理水平。

三、《质量管理体系　要求》（GB/T 19001—2008）质量管理体系的主要内容

（1）制订管理方针和目标，通过策划，在行车调度、车辆运行、设施管理、维修保障等方面保证体系的有效实施；

（2）按乘客要求、法律法规要求做好运营生产和服务提供、保管好乘客遗失财产、对监视和测量装置进行控制、对运营生产过程进行监控、对体系业绩数据收集与分析；

（3）定期对质量管理体系的运行情况进行审核，树立全员的质量意识，实现持续改进。

四、《环境管理体系　要求及使用指南》（GB/T 24001—2004）的主要内容

（1）制订管理方针和目标，通过策划，对环境因素做出识别与评价、制订管理方案并组织实施与运行；

（2）对可能造成重大环境影响的运行与活动进行监测与测量，预防或减少对环境造成的影响；

（3）对不符合环境要求的因素进行处理与调查，并采取纠正和预防措施；

（4）定期对环境管理体系的运行情况进行审核，树立全员的环保意识，实现持续改进。

五、《职业健康安全管理体系　要求》（GB/T 28001—2011）的主要内容

（1）制订管理方针和目标，通过策划，对危险源辨识、风险评价和风险控制方面制订管理方案，并组织实施与运行；

（2）对可能发生的事故与紧急情况制订预案，预防或减少对职业健康安全造成的影响；

（3）对职业健康安全的效果进行监测与测量，对发生的事故或事件等进行处理与调查，并采取纠正和预防措施；

（4）定期对职业健康安全管理体系的运行情况进行审核，树立全员的安全意识，实现持续改进。

六、“贯标”的方针、目标

（一）管理方针

（1）关注乘客需求，安全便民服务；

（2）控制预防污染，环保造福社会；

（3）维护员工权益，职业健康安全；

（4）严守法律法规，注重持续改进；

（5）实现乘客、员工、社会各方满意。

（二）管理目标

（1）提高列车运行正点率；

（2）提高乘客满意度；

（3）控制有责乘客投诉；

（4）控制有责客伤发生；

（5）控制有责行车重大、大事故；

（6）控制运营设施设备一类故障；

（7）控制全路网总用电量；

（8）控制污染排放；

（9）控制工伤事故。

七、管理人员和专业技术人员在“贯标”中的工作内容

学习和掌握与本岗位工作相关的文件并认真执行。采取各种有效的措施，完成对分管业务和工作的指导、检查、评价，提高管理能力和专业技术水平。

八、操作人员在“贯标”中的工作内容

学习和掌握与本岗位作业相关的文件并认真执行。按规程操作、提高操作技能水平，提高个人工作绩效。

九、“贯标”与员工的关系

公司开展一体化管理体系贯标，在环境、职业健康安全管理方面的内容是质量

体系的延伸，是质量体系贯标的不断深入。贯标能保证为员工提供符合国家标准的工作环境和劳动保护条件；有效提高全员的环保意识和社会责任；有更规范的安全保障措施并实施管理；运营的质量和服务保持高水平；员工的遵章守纪意识和行为不断提升；能够为公司建成行业领先的地铁运营企业打下良好的基础。

贯标对员工的基本要求是：认真履行岗位职责和各项管理要求；查找、明确与本岗位相关的影响质量的因素、安全的因素和环境的因素，判别后果，在工作中注意并进行改进；加强自我保护意识，落实各项工作措施；完成岗位工作和领导布置的任务。

十、“贯标”工作是持之以恒的

一体化管理体系贯标工作是公司管理工作的基本要求，将一直持续下去。只有不断地按照一体化管理体系的要求持续改进，提高个人、部门和公司的管理水平，才是我们要努力的方向。

第十节　车站卫生管理

一、车站保洁项目

（1）日常保洁：指能满足日常运营基本需要的保洁作业，包括巡扫、抹擦等。

（2）深度保洁：指按每日或每周一定频次完成，可在夜间或不影响运营的范围进行的深层次的保洁工作。

（3）专项保洁：指按一定周期完成需进入轨行区、登高作业等特殊要求，或需要使用特定设备进行抛光、打磨、除锈、翻新等保洁工作。

二、车站保洁范围

（1）车站主体包括出入口、内外墙、顶棚、通风口、台阶、通道、楼梯、地面、扶手、玻璃、站线道床、站台两端等。

（2）运营服务设施包括无障碍电梯、自动扶梯踏板、公告栏、票务设备、服务中心（票亭）、导向标志、垃圾桶、消防箱（柜）、活动隔离栏、屏蔽门、安全门、安全护栏、乘客座椅等。

（3）商业设施包括广告牌、广告灯箱、自助售货机、银行自助终端、便民设备终端、宣传品展示架、时代报报架、公益设施等。

三、车站保洁工作要求

（1）车站保洁工作人员应按车站规模和特点配备必要的工器具，并按一定的频次要求、质量标准完成保洁工作。

（2）保洁工作所需各类清洁工具应集中、整齐放置在车站规定的用房或区域内，不随意放置、悬挂，公共区域内的工具摆放区需有明显标示。

（3）公共区域保洁过程中清洁工具、推车、垃圾应放置在不影响乘客通行的位置，如需使用大型推车、清扫机械等工具，需经车站站长同意并设置相应防护措施，确保乘客通行安全方可进行。

（4）车站保洁工作人员在保洁过程中发现可能影响车站安全和乘客安全的可疑情况，应及时通知车站车站站长进行处理，发现乘客遗失物品应上缴车站站长。

四、车站保洁管理要求

（1）车站应与保洁公司之间做好相关工作衔接和互控工作。

（2）保洁公司从业人员需经过相应培训后上岗，在轨道交通范围内应遵守相关通勤及进出站管理规定，在岗工作时应穿着统一制服、佩戴服务标示，遵守相应服务规范、标准化操作、保洁工序的相关要求。

（3）保洁公司应根据车站、车辆的规模和质量标准合理配备保洁工作人员及保洁所需工器具。

（4）车站保洁人员的配置应能满足高峰时间 20min 内巡扫作业，特大站及重点车站应根据车站特点和客流特征，相应增加保洁力量。

（5）公共卫生间宜设置专职保洁工作人员。

（6）折返车站应根据运营列车编组数和折返作业时间合理设置专职列车客室保洁工作人员数量。

（7）车站及正线运营列车日常卫生保洁工作须覆盖运营时间。根据车站客流特点合理安排保洁工作人员班次，早晚高峰及节假日，重点保障车站应根据需要增加保洁力量和作业频次。

（8）车站的深度保洁及专项保洁工作宜安排在非运营时段，分阶段周期性进行；根据季节变换应增加或调整“消灭四害”的预防及整治频次。

（9）车站通道、商业设施、出入口由外部单位作为责任管理方的，车站需担当监督管理工作。

（10）车站根据出入口外属地化管理的界面对市容环境卫生责任区范围内的卫生进行管理，责任区以外的环境卫生应加强与地区的协调联动，确保车站周边环境秩序的整洁有序。

注：车站保洁频次要求见附录七 。

复习思考题

一、就你所在车站的现状，请谈谈如何进行车站精神文明建设（包括建设目标，建设具体方案等）。

答：（1）发挥榜样带头作用，让员工有归属感。

（2）坚持以人为本，提高员工积极性。

二、车站综合治理工作要求是什么?

答：（1）完善信息网络，畅通信息渠道。

（2）及时化解矛盾纠纷，有效处置各类突发事件。

（3）健全和落实工作制度。

（4）加强法制宣传教育。

（5）加强车站各类巡视工作。

三、车站定制式管理要求是什么?

答：（1）车站生产和管理用房内各类设备、物品应按定制化管理的要求摆放，做到物各有位，物在其位。

（2）车站工作区域和生产区域应进行严格划分，不在工作区域摆放与工作无关的物品。

（3）车站应保持生产和管理用房环境清洁、优美，做到各类生产和管理用房内及通道内无烟蒂、无垃圾、无杂物、无积灰、无污渍。

（4）车站在生产及管理用房区域内进行施工作业的，应做到施工区域与非施工区域严格区分，标志明显，同时做好隔离，施工区域物品应摆放整齐。

附录一

上海市轨道交通管理条例（2014版）

第一章　总　　则

第一条　为了加强轨道交通管理，促进轨道交通建设，保障安全运营，维护乘客的合法权益，根据有关法律、行政法规的规定，结合本市实际情况，制定本条例。

第二条　本条例所称轨道交通，是指本市地铁、轻轨等城市轨道公共客运系统。

本条例所称轨道交通设施，是指轨道交通的轨道、隧道、高架、车站（含出入口、通道）、车辆、机电设备、通信信号系统和其他附属设施，以及为保障轨道交通运营而设置的相关设施。

第三条　本条例适用于本市行政区域内轨道交通的规划、建设、运营及其相关的管理活动。

第四条　市交通行政管理部门主管本市轨道交通管理工作，负责本条例的组织实施，并可以委托其所属的交通行政执法机构实施本条例规定由市交通行政管理部门实施的行政处罚。

市人民政府确定的轨道交通企业具体负责本市轨道交通的建设和运营，并按照本条例的授权实施行政处罚。轨道交通企业执法人员应当取得执法身份证件，规范执法、文明执法。

市发展改革、建设、规划国土资源、公安、安全生产监管等有关行政管理部门，按照各自的职责实施本条例。

区、县人民政府应当协助做好轨道交通建设、运营服务和应急事件处置等有关工作。

第五条　本市轨道交通实行统一规划、配套建设、安全运营、规范服务的原则。

第六条　本市优先发展城市轨道公共客运交通。本市各级人民政府应当对轨道交通的投资、建设和运营给予支持。

第七条　市人民政府有关部门应当加强对轨道交通建设资金、运营和综合开发收益等情况的监督。

第二章　规划和建设

第八条　轨道交通专项规划应当根据国民经济和社会发展规划编制，并按照国家和本市规定的程序报经批准后，纳入本市相应的城乡规划。

轨道交通专项规划包括网络系统规划、选线专项规划以及系统配套设施规划。

市规划国土资源行政管理部门应当会同市发展改革、建设、交通等相关行政管理部门和轨道交通企业组织编制网络系统规划、选线专项规划，并划定轨道交通规划控制区。

市交通行政管理部门应当会同市规划国土资源行政管理部门和轨道交通企业组织编制轨道交通系统配套设施规划。

编制轨道交通专项规划，应当统筹安排轨道交通不同线路之间、轨道交通与其他交通方式之间的换乘衔接。

编制轨道交通专项规划，应当按照法定程序听取沿线区、县人民政府、有关单位和公众的意见。

第九条　轨道交通规划控制区内不得擅自新建、改建、扩建建筑物、构筑物。确需新建、改建、扩建建筑物、构筑物的，市和区、县规划国土资源行政管理部门应当书面征得市交通行政管理部门同意后，依法作出审批。

第十条　市发展改革行政管理部门应当会同市规划国土资源、建设、交通等相关行政管理部门组织编制轨道交通建设规划。

轨道交通建设规划按照国家规定的程序批准后组织实施。

第十一条　城乡规划确定的轨道交通用地，未经法定程序调整，不得改变用途。

本市鼓励对新建轨道交通设施用地按照市场化原则实施综合开发。实施综合开发的，开发收益应当用于轨道交通建设和运营。

第十二条　轨道交通企业应当在轨道交通建设项目可行性研究阶段，对建设项目的安全风险及其对周边环境影响进行评估，并按照建设程序报批。轨道交通企业应当采取措施，防止和减少对上方和周围已有建筑物、构筑物的影响，保障其安全。

第十三条　相关区、县人民政府和市规划国土资源行政管理部门在编制轨道交通车站所在区域的控制性详细规划时，应当预留换乘枢纽、公共汽（电）车和出租汽车站点、停车场、公共厕所等公共交通和公共设施用地。

第十四条　轨道交通勘察、设计、施工、监理等活动应当符合有关法律、法规和技术标准的规定。

轨道交通企业在组织工程项目建设时，应当根据国家、本市规定的技术标准以及轨道交通运营功能配置规范，配置安全可靠的轨道交通设施，建设完善的轨道交通安全监测和施救保障系统，保障乘客乘车安全、便捷。

第十五条　轨道交通工程完工后，轨道交通企业应当按照设计标准进行工程初步验收，并按照国家有关规定进行不载客试运行。

轨道交通工程投入试运营前，市交通行政管理部门应当组织有关部门和专家认定，具备基本运营条件的，报市人民政府批准后，方可进行试运营。

轨道交通工程竣工，按照国家有关规定进行验收。经验收合格后，方可交付正式运营。

第三章　运 营 服 务

第十六条　轨道交通企业应当设置售票、检票、自动扶梯、公共厕所、通风、照明、废物箱等轨道交通服务设施，并定期检查，及时维修、更新，保持完好，确保轨道交通设施处于可安全运行的状态。

第十七条　路政管理部门、轨道交通企业应当按照国家有关标准和本市有关规定，在车站周边、车站出入口以及车站内设置轨道交通导向标志、安全标志等运营服务标志。

路政管理部门、轨道交通企业应当做好运营服务标志的日常管理和维护工作。

第十八条　轨道交通企业应当按照国家和本市规定的标准和要求，在轨道交通车站配套建设无障碍设施，设置指导和提示标志，并进行日常养护和维修。

任何单位或者个人不得损坏、擅自占用无障碍设施，或者改变无障碍设施的用途。

第十九条　市交通行政管理部门应当制定本市轨道交通运营服务规范，并向社会公布。轨道交通企业应当按照服务规范的要求，提供安全、便捷的客运服务，保障乘客的合法权利。

第二十条　轨道交通企业应当根据轨道交通沿线乘客出行规律及变化，以及其他相关线路的列车运行情况，合理编制运营计划，报市交通行政管理部门备案。

列车运营时间、运营间隔应当向社会公布。

第二十一条　轨道交通企业应当按照以下要求向乘客提供信息服务：

（一）通过广播、电子显示屏等向乘客提供列车到达、间隔以及安全提示等信息；

（二）在车站醒目处公布首末班车行车时刻、列车运行状况提示和换乘指示；

（三）在车站提供问讯服务，车站工作人员在接受乘客问讯时，应当及时准确提供解答；

（四）需要调整首末班车行车时间，或者发生非正常情况、设施故障影响正常运营时，及时通过多种信息发布手段对乘客进行告知。

第二十二条 轨道交通企业应当采取以下管理措施，为乘客提供良好的乘车环境：

（一）建立车站卫生保洁制度，保持站内设施和车厢清洁，出入口和通道畅通；

（二）建立急救协助制度，按照规定在车站配备医药箱；

（三）建立紧急关闭装置巡查制度，轨道交通运营期间遇有紧急情况时，及时启动紧急关闭装置。

第二十三条 区、县人民政府和轨道交通企业应当对各自责任区域加强市容和环境卫生管理。

第二十四条 轨道交通企业的驾驶员、调度员、车站值班员等工作人员必须经培训考核后，持证上岗。

轨道交通企业的工作人员应当按照规定统一着装、佩戴标志，礼貌待客、文明服务。

第二十五条 车站、车辆的广告设置应当合法、规范。广告设置不得影响服务标志的识别，不得影响轨道交通运营安全和服务设施的使用。

车站商业网点的设置应当符合运营安全、方便乘客、统筹规划、因地制宜的要求。除轨道交通车站设计方案确定设置的商业网点和设置在站台的自动售货机、书报亭外，禁止在车站出入口、站台及通道设置商业网点。

轨道交通企业应当定期对广告设施、商业网点进行安全检查。广告设施、商业网点使用的材质应当采用难燃材料，并符合有关消防规定。

广告设施、商业网点的设置作业或者维护作业应当在轨道交通非运营期间进行。

第二十六条 市交通行政管理部门应当定期通过乘客满意度调查等形式，对轨道交通运营服务情况进行评价。对评价中发现的问题，轨道交通企业应当及时改进，市交通行政管理部门应当加强监督。服务评价结果和改进情况应当通过多种方式向社会公布。

第二十七条 轨道交通票价应当与本市其他公共交通的票价相协调。票价的确定和调整应当依法召开听证会，广泛听取社会各方面意见，经市物价管理部门审核并报市人民政府批准。

轨道交通企业应当执行市人民政府批准的票价并予以公布。市物价管理部门应当对轨道交通票价的执行情况进行监督检查。

第二十八条　轨道交通运行过程中发生故障而影响运行时，轨道交通企业应当组织力量及时排除故障，恢复运行。一时无法恢复运行的，轨道交通企业应当组织乘客疏散和换乘，并及时向市交通行政管理部门报告。

轨道交通因故障不能正常运行十五分钟以上的，轨道交通企业应当出具延误证明，乘客有权持有效车票要求轨道交通企业按照原票价退还票款。

第二十九条　市交通行政管理部门应当制定《轨道交通乘客守则》。乘客进站、乘车应当遵守《轨道交通乘客守则》。

第三十条　乘客应当持有效车票乘车，乘客越站乘车的，应当补交超过部分的票款。

乘客无车票或者持无效车票乘车的，轨道交通企业可以按照轨道交通网络单程最高票价补收票款，并可加收五倍票款。市交通行政管理部门应当加强对轨道交通企业加收票款的监督。

享受乘车优惠的乘客应当持本人有效证件乘车。乘客不得冒用他人证件、使用伪造证件乘车。

乘客有冒用他人证件、使用伪造证件乘车和其他逃票行为的，有关信息可以纳入个人信用信息系统。

第三十一条　在轨道交通设施范围内禁止下列行为：

（一）拦截列车；

（二）擅自进入轨道、隧道等禁止进入的区域；

（三）攀爬或者跨越围墙、栅栏、栏杆、闸机；

（四）强行上下车；

（五）吸烟，随地吐痰、便溺，乱吐口香糖渣，乱扔纸屑等杂物；

（六）擅自涂写、刻画或者张贴；

（七）擅自设摊、停放车辆、堆放杂物、卖艺、散发宣传品或者从事销售活动；

（八）乞讨、躺卧、收捡废旧物品；

（九）携带活禽以及猫、狗（导盲犬除外）等宠物；

（十）携带自行车（含折叠式自行车）进站乘车；

（十一）使用滑板、溜冰鞋；

（十二）违反法律、法规规定的其他行为。

第三十二条 禁止乘客携带易燃、易爆、有毒、有放射性、有腐蚀性以及其他有可能危及人身和财产安全的危险物品进站、乘车。危险物品目录和样式由市公安、交通行政管理部门公告，由轨道交通企业在车站内予以张贴。

轨道交通企业应当按照有关标准和操作规范，设置安全检查设施，并有权对乘客携带的物品进行安全检查，乘客应当予以配合。对安全检查中发现的携带危险物品的人员，轨道交通企业应当拒绝其进站、乘车；不听劝阻，坚持携带危险物品进站的，轨道交通企业应当立即按照规定采取安全措施，并及时报告公安部门依法处理。

公安部门应当对轨道交通安全检查工作进行指导、检查和监督，并依法处理安全检查中发现的违法行为。

第三十三条 公安部门负责轨道交通的治安、消防管理，维护轨道交通的安全运营。

电力、供水、通信等相关单位应当保证轨道交通用电、用水、通信的需要，协助轨道交通企业保障轨道交通正常运营。

第三十四条 市交通行政管理部门和轨道交通企业应当建立投诉受理制度，接受乘客对违反本条例运营规定行为和服务质量的投诉。

轨道交通企业应当自接受投诉之日起十个工作日内作出答复。乘客对答复有异议的，可以向市交通行政管理部门申诉。

市交通行政管理部门应当自接受乘客投诉或者申诉之日起十个工作日内作出答复。

第四章 安 全 管 理

第三十五条 轨道交通企业是轨道交通运营安全的责任主体，应当按照有关规定设置安全生产管理机构，配备专职安全生产管理人员，建立健全安全生产管理制度和操作规程，维护轨道交通运营安全。

第三十六条 轨道交通企业应当设置报警、灭火、逃生、防汛、防爆、防护监视、紧急疏散照明、救援等器材和设备，定期检查、维护，按期更新，并保持完好。

第三十七条 轨道交通应当设置安全保护区。安全保护区的范围如下：

（一）地下车站与隧道外边线外侧五十米内；

（二）地面车站和高架车站以及线路轨道外边线外侧三十米内；

（三）出入口、通风亭、变电站等建筑物、构筑物外边线外侧十米内。

第三十八条　在轨道交通安全保护区内进行下列作业的单位，其作业方案应当经过市交通行政管理部门同意，并采取相应的安全防护措施：

（一）建造或者拆除建筑物、构筑物；

（二）从事打桩、基坑施工、挖掘、地下顶进、爆破、架设、降水、钻探、河道疏浚、地基加固等工程施工作业；

（三）其他大面积增加或者减少载荷的活动。

市交通行政管理部门应当先将上述作业方案送轨道交通企业进行技术审查，轨道交通企业应当及时提出技术审查意见；市交通行政管理部门根据技术审查意见作出是否同意作业方案的决定后，应当及时告知轨道交通企业。

市交通行政管理部门应当会同轨道交通企业制定安全保护区作业方案技术审查规定，根据作业区域与作业类别的不同明确技术审查期限。

第三十九条　轨道交通企业应当建立相关制度，在安全保护区内组织日常巡查，同时按照技术审查意见，对第三十八条第一款有关作业的安全性进行日常监督，对作业项目相邻的轨道交通设施加强监护监测。

经同意在轨道交通安全保护区内的作业出现危及轨道交通安全情况的，或者未经同意在轨道交通安全保护区内进行作业的，轨道交通企业应当通知作业单位立即停止作业并采取相应的安全措施，同时报告市交通行政管理部门。

第四十条　在轨道交通线路弯道内侧，不得修建妨碍行车瞭望的建筑物、构筑物，不得种植妨碍行车瞭望的树木。

禁止向轨道交通轨道、高架或者隧道内抛掷杂物。

第四十一条　禁止下列危害轨道交通设施的行为：

（一）非紧急状态下动用紧急或者安全装置；

（二）损坏车辆、轨道、路基等设施和隧道、高架、车站及其附属设施；

（三）干扰机电设备和通信信号系统；

（四）损坏轨道交通设施的其他行为。

第四十二条　轨道交通企业应当开展日常安全隐患排查，并定期对轨道交通设施进行安全检查。发现安全隐患的，应当及时消除。

市交通行政管理部门应当对轨道交通运营安全实施动态监督检查；需要进行技术检测的，可以委托专业机构实施。

市交通行政管理部门应当建立轨道交通安全评价体系，定期组织专业机构对轨道交通运营情况进行安全评价。

对监督检查和安全评价中发现的问题,市交通行政管理部门应当提出整改意见,轨道交通企业应当按照要求予以落实。

第四十三条 市交通、建设行政管理部门应当会同公安等行政管理部门按照有关法律、法规以及本市突发事件总体应急预案的规定,组织编制本市轨道交通突发事件应急预案,报市人民政府批准后实施。

轨道交通企业应当根据轨道交通突发事件应急预案,编制本企业的具体应急预案,并报市交通、建设行政管理部门备案。

市交通行政管理部门、轨道交通企业应当定期组织运营应急演练。

发生自然灾害、恶劣气象条件或者发生运营安全事故以及其他突发事件时,相关行政管理部门和轨道交通企业应当及时启动应急预案进行处置。

第四十四条 因节假日、大型群众活动等原因造成客流量上升的,轨道交通企业应当及时增加运力,疏导乘客。

当发生轨道交通客流量激增而可能危及运营安全等紧急情况时,轨道交通企业应当按照有关规定采取限制客流量的措施,确保运营安全。

采取限制客流量等措施后仍然无法保证运营安全时,轨道交通企业可以停止轨道交通线路部分区段或者全线的运营,并应当立即报告市交通行政管理部门。

采取限制客流量、停运措施,造成客流大量积压的,市交通行政管理部门应当组织采取疏运等应对措施。

第四十五条 发生轨道交通运营安全事故时,轨道交通企业应当立即排查事故原因;经查清原因、消除妨碍后,在确保运营安全的情况下,及时恢复正常运行。

市人民政府及其安全生产监管、交通等行政管理部门应当按照国家和本市的有关规定对轨道交通运营安全事故组织调查和处理,公布事故原因和处理结果。

第四十六条 轨道交通运营中发生人身伤害事故,轨道交通企业应当及时抢救人员,妥善保护现场,维持秩序;公安部门应当及时对现场进行勘查、检验,依法进行现场处理。

第五章 法律责任

第四十七条 违反本条例规定的行为,有关法律、行政法规已有处罚规定的,从其规定。

第四十八条 违反本条例规定,轨道交通企业有下列行为之一的,由市交通行政管理部门按照下列规定予以处罚:

（一）违反第十四条规定，轨道交通建设不符合运营功能配置规范的，未配置安全可靠的运营、服务设施或者未建设完善的安全监测和施救保障系统的，责令限期改正，处二万元以上二十万元以下罚款。

（二）违反第十六条、第三十六条规定，未管理和维护好轨道交通设施的，责令限期改正；逾期不改正的，处三千元以上三万元以下罚款。

（三）违反第十七条规定，未按照国家有关标准和本市有关规定设置轨道交通导向标志、安全标志等运营服务标志的，责令限期改正；逾期不改正的，处三千元以上三万元以下罚款。

（四）违反第二十条、第二十一条规定，未按规定公布或者告示有关事项，或者未按要求向乘客提供信息服务的，责令限期改正；逾期不改正的，处一千元以上五千元以下罚款。

（五）违反第二十二条规定，未按规定采取管理措施的，责令限期改正；逾期不改正的，处三千元以上三万元以下罚款。

（六）违反第二十四条规定，有关工作人员无证上岗的或者工作人员未规范服务的，责令限期改正；逾期不改正的，处五百元以上二千元以下罚款。

（七）违反第二十五条规定，在禁止设置区域内设置商业网点的或者设置、维护广告设施、商业网点不符合规定的，责令限期改正；逾期不改正的，处一万元以上三万元以下的罚款。

第四十九条　违反本条例第三十条第三款，冒用他人证件乘车的，由轨道交通企业处五十元以上五百元以下罚款。使用伪造证件乘车的，由轨道交通企业移交公安部门依据《中华人民共和国治安管理处罚法》予以处理。

违反本条例第三十一条第一项、第二项、第三项、第四项，第四十一条规定的，轨道交通企业有权对行为人进行劝阻和制止，并移交公安部门依法处罚。

违反本条例第三十一条第五项、第六项、第七项、第八项、第九项、第十项、第十一项规定的，由轨道交通企业责令改正，处警告或者五十元以上五百元以下罚款。

第五十条　违反本条例第三十八条第一款规定，未经同意或者未按照同意的作业方案在安全保护区内作业的，由市交通行政管理部门责令限期改正，处二万元以上二十万元以下罚款。

第五十一条　违反本条例第四十条第一款规定，修建妨碍行车瞭望的建筑物、构筑物的，由市交通行政管理部门责令限期改正；种植妨碍行车瞭望的树木的，由市交通行政管理部门责令限期修剪或者迁移。

违反第四十条第二款规定，向轨道交通轨道、高架或者隧道内抛掷杂物的，由市交通行政管理部门予以警告，并可处五百元以下罚款。

第五十二条 拒绝、妨碍市交通行政管理部门及其所属的交通行政执法机构或者轨道交通企业的执法人员依法执行职务，违反《中华人民共和国治安管理处罚法》的，由公安部门依法处罚；构成犯罪的，依法追究刑事责任。

第五十三条 违反本条例规定造成轨道交通设施损坏的，除依法给予行政处罚外，还应当承担相应的民事赔偿责任。

因轨道交通建设或者运营造成建筑物、构筑物损坏的，由轨道交通企业根据其损坏程度予以修复，或者给予相应的经济赔偿。

第五十四条 市交通行政管理部门及其所属的交通行政执法机构以及其他有关行政管理部门的工作人员有下列行为之一的，由其所在单位或者上级主管部门依法给予警告、记过或者记大过处分；情节严重的，给予降级、撤职或者开除处分：

（一）未依照本条例规定组织轨道交通试运营认定的；

（二）违法实施轨道交通安全保护区作业许可的；

（三）未履行安全检查、安全评价等安全监管职责的；

（四）其他滥用职权、玩忽职守、徇私舞弊的行为。

第六章　附　　则

第五十五条 磁浮交通的规划、建设、运营和管理参照本条例执行。

第五十六条 本条例自2014年1月1日起施行。

附录二

上海市轨道交通运营服务规范

第一章　总　　则

第一条（目的依据）

为加强本市轨道交通（以下简称轨道交通）的运营管理，规范运营服务标准，提高服务工作质量，保障乘客合法权益，依据《上海市轨道交通管理条例》、《上海市轨道交通运营安全管理办法》等法规、规章，制定本规范。

第二条（适用范围）

本规范适用于本市行政区域内轨道交通的运营服务及相关管理活动。

第三条（管理主体）

上海市交通委员会是主管本市轨道交通的行政管理部门，负责本规范的组织制定和监督实施。

本市轨道交通企业(以下简称轨道交通企业)负责轨道交通的日常运营管理工作，并按照本规范要求提供轨道交通运营服务。

第四条（基本要求）

轨道交通企业应遵循“安全可靠、高效便捷、功能完善、文明有序”的服务宗旨，为乘客提供优质的运营服务。

轨道交通企业应为乘客提供必要的服务设施设备，保持设施设备运行完好，发生故障时应及时组织抢修；提供行车、客运、票务等服务和整洁卫生的站、车环境。

轨道交通企业应公开服务承诺，每年定期公布服务评价和改进情况，主动接受社会监督，通过多种渠道听取社会各界意见和建议，并根据乘客需求不断改进和完善运营服务，提高服务工作质量。

第二章　行 车 服 务

第五条（行车服务原则）

轨道交通企业应根据网络运营的要求、客流变化等情况编制和调整列车运行计划。首末班车时间（含换乘首末班车）、运营间隔应向社会公开。运营间隔时间大于10分钟以上的，应通过企业网站等渠道公示车站列车时刻表。

轨道交通企业应根据运营计划为乘客提供安全准点的列车运行服务。

因各类突发事件、恶劣天气、重大事由等特殊情况需要停止运营或变更运营计划的，轨道交通企业应及时以各种方式告知乘客。

第六条（运营时间）

轨道交通线路全天运营时间应不少于16小时。首班车始发站发车时间不晚于6:00；末班车始发站发车时间不早于22:00。

遇国定节假日、大型群众活动，轨道交通企业应根据客流情况适当延长运营时间，满足乘客出行需要。

第七条（运营间隔）

运营间隔应根据客流量、列车拥挤程度、乘客候车时间、相关线路换乘匹配等因素综合确定。

各线路区段中心城内最小行车间隔应不大于5分钟；中心城以外区域最小行车间隔不宜大于10分钟；各线路区段高峰客流拥挤时，应采取相应的有效措施。

第八条（列车停站）

停站时间设置应满足乘客上下车需求。列车停站时间，应根据车站性质、客流等数据进行计算确定。列车车门或屏蔽门（安全门）的开启、关闭前应有明显的声光提示。运营期间应加强站台监护，遇有紧急情况时及时启动紧急关闭装置。

第九条（运营调整）

遇线路改造、设备更新、系统调试等重大事由时，轨道交通企业可以对运营时间、运营间隔作临时调整，并应提前10天向社会公告。

因节假日、大型群众活动等引起客流上升时，轨道交通企业应提前做好列车运行计划和客运组织方案，需要采取封闭车站、延长运营时间措施的，应提前3天向社会公告。

因设备故障或其他原因造成列车有较长时间延误时，轨道交通企业应视实际情况，采取必要的调度措施，合理调整行车时间，尽快恢复正常运行秩序。

轨道交通企业因运营突发事件无法保证运营安全时，可暂停事发线路或区段运营，及时告知公众和乘客，迅速有序组织乘客疏散，并按规定向有关部门报告。

第三章　客运服务

第十条（客运服务原则）

轨道交通企业应制定客运服务标准，为乘客提供规范服务，设置引导标志，提供相应的服务信息，不断提高服务水平。

轨道交通企业应根据列车运行图、车站设施设备和人员情况等编制客运组织方案，及时有效疏导乘客，保证运营秩序正常，并根据客流及变化情况，及时进行必要的调整。

第十一条（站车环境）

轨道交通企业应制定列车、车站巡查制度；加强运营服务区域环境整治，及时清除列车、车站站厅、站台、通道、出入口、公共卫生间的垃圾、污物、乱涂乱画及小广告，实施垃圾分类管理；定期对站车内的座椅、地面、扶手、墙面、玻璃及通风口等进行清洁，并对扶手、通风系统等定期进行消毒，保持站车环境整洁。

轨道交通企业应建立急救协助制度，按照规定在车站配备医药箱。

轨道交通企业应对车站、车厢内的环境进行监测，符合国家标准要求。

第十二条（安全检查与安全防范）

轨道交通企业应按照有关规定和标准，配置安全检查设施、设备，配备受过专业培训的安全检查人员，并按照规定对乘客携带的物品进行安全检查。

轨道交通企业应在车站内张贴禁止乘客携带危险物品名录。安全检查人员在安全检查中发现有携带危险物品的，应拒绝其进站、乘车；不听劝阻，坚持携带危险物品进站的，轨道交通企业应立即按照规定采取安全措施，并及时报告公安部门依法处理。

第十三条（导向标志）

轨道交通导向标志的设置应除遵守《上海市轨道交通标志设置指导手册》的技术要求外，还应符合下列要求：

（一）导向标志的设置应符合统一、规范、简明、连贯的原则，不妨碍乘客通行；

（二）导向标志能通过提供相关的视觉、触觉信息，给乘客必要的引导、提示和警示，以方便乘客，确保安全；

（三）向乘客提供与进出站、换乘等直接相关的导向，包括无障碍设施、厕所、服务中心的位置指示等；

（四）紧急出口标志、消防设施标志等特殊情况下的导向信息应标注在醒目位置，并不得缺损、遮挡和覆盖。

第十四条（信息服务）

轨道交通企业应按照下列要求向乘客提供信息服务：

（一）通过网络、车站公告、站台广播、电子显示屏等渠道向乘客提供线路、车站、首末班车时间（换乘时间）、换乘路径、列车到达时间、行车间隔、目的地以及安全提示等信息；

（二）车站出入口、服务中心、站台应提供轨道交通网络示意图、线路示意图，公示本车站首末班车时间、列车运行状况和换乘指示；提供本站出入口、公交站点等位置信息；车站出入口、站台、换乘通道应标示无障碍设施的位置信息；

（三）车站服务中心提供相关的问询服务，车站服务人员在接受乘客问询时执行首问责任制，及时准确向乘客解答；

（四）公告、告示和通知按规定置于车站公告栏内，公告、告示和通知到期后及时撤除或更换；

（五）调整首末班车行车时间或者发生设施设备故障等影响正常运营的突发情况时，及时通过多种信息发布渠道对乘客进行告知。

第十五条（限流组织）

发生轨道交通突发事件、客流量激增等可能危及运营安全的紧急情况时，轨道交通企业应采取限制客流量的措施，必要时立即疏散乘客，确保运营安全。

采取限制客流量的措施无法保证运营安全时，轨道交通企业可以停止轨道交通部分区段或者全线的运营，并应立即报告市交通行政管理部门。

轨道交通企业采取限制客流量或者停止运营措施的，应同时向乘客履行告知义务；轨道交通因故障等原因造成列车运行延误 15 分钟以上的，轨道交通企业应出具延误证明，为乘客办理退票手续，并告知票款退还或者车票延期等注意事项。

第十六条（站车广告、商业网点）

车站、车辆的广告设置应合法、规范。广告设置不得影响服务标志的识别，不得影响轨道交通运营安全和服务设施的使用。

车站商业网点的设置应符合运营安全、方便乘客、统筹规划、因地制宜的要求。除轨道交通车站设计方案确定设置的商业网点和设置在站台的自动售货机、书报亭外，禁止在车站出入口、站台及通道设置商业网点。

轨道交通企业应定期对广告设施、商业网点进行安全检查。除抢修特殊情况外，广告设施、商业网点的安装设置或者维护作业应在轨道交通非运营期间进行。

第四章　票务服务

第十七条（票务服务原则）

轨道交通企业应按规定制定票务管理制度。轨道交通企业应向乘客公示票价表、票务处理规则。

第十八条（售、检票）

轨道交通企业提供的售、检票服务设施应符合下列要求：

（一）车站售票处、服务中心应公示票价表、票务处理须知；

（二）自动售票机应标有操作说明，方便乘客查询出行路径、票价、首末班车与换乘时间。在售票过程中备有充足的车票、钱币，并根据使用情况及时补充。与航空、航运、铁路、长途汽车相邻的车站，在大客流情况下应开启人工售票窗口，方便乘客排队购票；

（三）配备自动检（验）票机为乘客提供进出站检（验）票服务；

（四）服务中心提供小额兑币服务，并按规定提供相关发票；

（五）对回收的车票，定期进行清洗和消毒。

第十九条（票务处理）

乘客因超程、超时或其他原因不能正常进出站时，车站服务人员应对乘客进行票务处理。

轨道交通因故障等原因造成列车运行延误15分钟以上的，轨道交通企业应对持有效车票的乘客在任意车站按原价退还票款。

第二十条（票价优惠）

轨道交通企业应执行市人民政府批准的票价及统一制定的公共交通票价优惠政策。

第五章　服务设施

第二十一条（服务设施基本要求）

本规范所称服务设施指：车站出入口、楼梯、通道、站厅、站台等场所；列车、售检票设备、自动扶梯与电梯、导乘设施、服务查询设施及其他服务设施。

车站出入口、楼梯、通道、站厅、站台等场所，台阶、地面完好，保持平整、畅通；楼梯及有坡度的区域应设扶手，扶手光滑牢固、不间断；地面应采取防滑措施，如遇积水，及时处理。

列车车厢内出风口、灯具、座椅、扶手等设备性能良好；客室内壁、地板无破损。自动扶梯、电梯、轮椅升降机等乘客输送设施，满足运营服务要求。

车站服务中心内设备状态应保持良好，售票处、服务中心周边应留有一定范围的区域空间，保证票务处理、乘客接待等服务活动的正常进行。

第二十二条（列车服务）

轨道交通列车服务应符合下列要求：

（一）列车客室内应配备照明、座椅、扶手、通风、空调、广播、标志等服务设施，以及灭火器、报警器、应急照明、应急广播、紧急疏散标志等安全设备设施；

（二）列车客室内设置的安全警示标志、操作指南、本线线路图等清晰完好。提供列车运行报站服务，涉及安全与乘客信息内容的采用中英文对照；

（三）建立健全列车车容车貌清洁巡查保洁制度，定期对运营列车车厢内座椅、地面、扶手、内墙、玻璃及通风口进行清洁和消毒，保持运营列车处于卫生和整洁状态；

（四）列车空调具有通风及紧急通风等功能。夏季室外温度在35℃以下时，车内满载时有效供风区范围内温度约为28℃。夏季室外温度在35℃以上时，在空调额定工况下应保持车厢内部比室外低8℃的温差。

第二十三条（电梯、自动扶梯）

电梯、自动扶梯应按特种设备相关规范进行定期检查，并张贴安全检验合格证。自动扶梯应有明确的运行方向指示，并在两端配备紧急停车开关。自动扶梯的出入口应有开阔的空间，入口处应有明确的安全警示并张贴使用须知。

轨道交通企业应在运营前对电梯、自动扶梯进行例行检查，确认其外观完整无损，安全标志齐全，运行正常、平稳、无异味、无异响、无异常振动后方可开启。

第二十四条（售检票设备）

自动售检票设施包括售票机、充资机、进出站检（验）票机等，轨道交通企业应保证售检票设施的安全可靠、状态完好。

车站售检票设施应在充分考虑客流组织及乘客需求的基础上进行合理布置，便于乘客使用并提高设备的使用效率。

人工售票窗口作为无人售票模式的必要补充，可以根据客流情况适时开启；遇有大客流集中到达时，应及时增开人工售票窗口，必要时增加应急票售票窗口。

服务中心附近应设置便于各类乘客进出站的宽通道闸机或专用通道。

与航空、航运、铁路、长途汽车等枢纽相邻的车站应设置相适应的宽通道闸机与大件行李安检设备。

紧急疏散时，应停止检票，开启闸机，确保乘客快速通行。

第二十五条（屏蔽门系统）

轨道交通屏蔽门系统应符合下列要求：

（一）屏蔽门满足轨道交通列车各种运营模式的要求，保证正常运营时乘客安全地上下车、故障或灾害时乘客安全疏散；

（二）屏蔽门与列车车门的开、关门时间及位置应保持同步，并具备关门声光提示功能，屏蔽门与列车车门之间的协调动作过程应保证乘客安全；

（三）屏蔽门系统所有的滑动门、端头门及应急门，在轨道侧应有醒目的手动开门把手及安全疏散操作提示，在站台侧应保持锁闭良好，应由专用钥匙才能打开；

（四）屏蔽门设置障碍物探测装置与防夹检测装置，确保乘客乘降安全。

第二十六条（无障碍设施）

车站应设置无障碍设施，方便老弱病残孕和需要帮助的乘客进出车站和换乘，必要时应采取人工服务。

车站应确保无障碍设施正常使用、状态良好。

车站应设置无障碍电梯和设施的导向提示，方便乘客辨识设施所处方位。

第二十七条（其他服务设施）

轨道交通其他服务设施应符合下列要求：

（一）车站、区间内的正常照明、应急照明、防灾报警设施应按规范设置并运行正常；

（二）车站站台公共区域设置适量的乘客座椅，保持完好；

（三）车站应设置公共厕所，并保持厕所的清洁及正常使用；

（四）车站的站台、站厅设置适量的分类废物箱，并定期清洁。

第六章　服 务 人 员

第二十八条（服务人员基本要求）

轨道交通运营服务人员应遵守下列要求：

（一）经系统培训，掌握岗位操作技能与应急处置要求，考核合格，方可持证上岗；

（二）按规定统一着装，佩戴服务标志，穿着整洁，仪表端庄；

（三）举止规范，坐姿端正，礼貌待客；

（四）严格执行首问负责制，接待乘客问询时有问必答，尽力为乘客提供必要的帮助，使用普通话以及文明用语，并掌握与服务岗位相关的基本英语会话，提倡使用地方方言提供个性化服务；

（五）及时寻找、登记、妥善保管乘客的遗失物品，并做好招领、上交工作；

（六）规范操作，妥善处置各类突发事件，及时通报运营情况。

第二十九条（驾驶员服务要求）

轨道交通列车驾驶员应遵守下列要求：

（一）驾驶员应经过系统岗位培训考核合格，掌握应急处置规定的岗位技能。随身携带有效驾驶证件，按规范驾驶列车，保证列车运行安全；

（二）按运行图行车，严格执行运行规定和调度命令；

（三）在列车行驶过程中加强瞭望，遇有险情，及时采取安全措施，并立即汇报，按照应急预案迅速采取相应的应急救援措施，保证乘客安全；

（四）严格列车开关门作业标准，监护乘客上下列车，保证乘客人身安全；

（五）采用人工广播时使用普通话，用语简洁明了，语速恰当。

第七章　监 督 评 价

第三十条（服务承诺）

轨道交通企业应公开向乘客做出服务承诺，并每年通过多种方式向乘客和社会公布服务表现与运营服务改进情况。

第三十一条（服务投诉）

轨道交通企业应通过服务热线、官方网站等渠道听取乘客意见和建议，接受社会监督，不断改善运营服务。

轨道交通企业应建立投诉受理制度，设置专职机构和专职人员，制定乘客投诉受理及处理反馈的工作程序，及时有效处理乘客的服务投诉。

服务投诉热线应向社会公布，并在车站和列车车厢内张贴服务监督热线电话，全年 24 小时为市民服务。

轨道交通企业受理乘客服务投诉后，应及时调查处理，并在１０个工作日内作出答复。

第三十二条（服务监督与评价）

轨道交通企业应建立内部服务监督制度，并将服务监督情况纳入日常工作的评价、考核体系。

市交通行政管理部门应定期通过乘客满意度指数测评等手段，对轨道交通运营服务情况进行评价，测评项目可以根据本服务规范的相关条款和车站、列车的实际情况来确定和调整。服务评价结果定期通过多种方式向社会公布。

轨道交通企业应制定行之有效的措施对乘客满意度测评结果中评价不良的服务项目及时改进。

第八章　附　　则

第三十三条（参照执行）

磁浮交通的运营服务参照本规范执行。

第三十四条（施行日期）

本规范自2015年6月1日起施行，有效期至2020年5月31日。原上海市交通运输和港口管理局制定的《上海市轨道交通运营服务规范》同步废止。

附录三

上海市轨道交通乘客守则（2014版）

一、根据《上海市轨道交通管理条例》（以下简称《条例》）第二十九条规定，制定本守则。

二、凡进站、乘车的，应当遵守本守则。

三、乘客应当遵守以下有关票务管理的规定：

（一）乘客应当持有效车票乘车；

（二）越站乘车的，应当补交超过部分票款；持票进入收费区后，须在合理时间内出收费区，超出合理时间的，应当按照网络单程最低票价补交票款；

（三）享受乘车优惠的乘客应当持本人有效证件乘车。乘客不得冒用他人证件、使用伪造证件乘车。

四、残疾军人凭本人《中华人民共和国残疾军人证》，离休干部凭本人《中华人民共和国老干部离休荣誉证》或者《中国人民解放军离休干部荣誉证》、盲人凭本人《上海市盲人乘坐车船有轨交通免费证》、革命烈士家属凭本人《上海市革命烈士家属优待证》、伤残警察凭《中华人民共和国伤残人民警察证》可免费乘坐轨道交通。本市七十周岁以上老人除工作日高峰时段外（高峰时段为7:00至9:00，17:00至19:00）持本人敬老服务卡可免费乘坐轨道交通。

五、乘客须在安全线内候车，乘车时应当先下后上，上、下列车应当注意站台间隙；列车车门蜂鸣器响，车门及屏蔽门、安全门警示灯亮，乘客不得强行上、下车；车门开启、关闭时，不得触摸车门；车到终点，乘客应当全部下车。

六、老、幼、病、残、孕妇及怀抱婴儿者优先上、下车，其他乘客应当主动让座。

七、乘客可以免费带领一名身高1.3米（含1.3米）以下的儿童乘车，超过一名的按超过人数购票。无成年人带领的学龄前儿童不得单独乘车。

八、乘客携带的物品重量不得超过23千克，体积不得超过0.2立方米，长度不得超过1.7米，并不得影响其他乘客乘车。

九、凡进站、乘车的，禁止下列行为：

（一）拦截列车；

（二）擅自进入轨道、隧道等禁止进入的区域；

（三）攀爬或者跨越围墙、栅栏、栏杆、闸机；

（四）强行上下车；

（五）吸烟，随地吐痰、便溺，乱吐口香糖渣，乱扔纸屑等杂物；

（六）擅自涂写、刻画或者张贴；

（七）擅自设摊、停放车辆、堆放杂物、卖艺、散发宣传品或者从事销售活动；

（八）乞讨、躺卧、收捡废旧物品；

（九）携带活禽以及猫、狗（导盲犬除外）等宠物；

（十）携带自行车（含折叠式自行车）；

（十一）携带易燃、易爆、有毒、有放射性、有腐蚀性以及其他有可能危及人身和财产安全的危险物品；

（十二）携带有严重异味、未经安全包装的易碎、尖锐物品；

（十三）使用滑板、溜冰鞋；

（十四）非紧急状态下动用紧急或者安全装置。

十、赤脚、赤膊、油污衣裤者、醉酒肇事者、烈性传染病患者、无人监护的精神病患者或者健康状况危及他人安全者不得进站、乘车。

十一、乘客应当自觉保持车站、车厢的文明卫生，不得在列车车厢内饮食、大声喧哗，不得踩踏车站和车厢内座席。

十二、乘客应当正确使用轨道交通自动扶梯、自动售检票机、公共交通卡充值验票机及有关设施、设备。因乘客原因造成设施设备损坏的，乘客应当给予相应的经济赔偿。

十三、乘客应当自觉遵守轨道交通企业有关票务、安全等方面的服务须知，接受和配合安全检查，遵从服务、应急设施的使用提示，服从轨道交通工作人员的管理。发生纠纷时，可向轨道交通企业反映，但不得影响轨道交通工作人员的管理和轨道交通的正常运行。

十四、乘客违反《条例》及其他相关法律规定的，按照《条例》及其他有关法律规定予以处罚。

十五、本守则自2014年1月1日起施行。

附录四

客伤当事人提供的材料

（1）乘客事件经过：应由乘客本人签名。

（2）医疗费凭证：医疗机构出具的医药费、住院费等收款原始凭证。医药费、住院费等收款凭证上，如有保险公司等单位的报销审核章，还应提供盖章单位的报销凭证。

（3）交通费凭证：客伤当事人及其陪护人员因就医或者转院治疗实际发生的交通费用原始凭证。

（4）误工费凭证：工资单、个人所得税缴纳等原始凭证。

（5）护理费凭证：护理单位开具的收据原始凭证。

（6）病历卡、出院小结及拍片小结等治疗记录：原件或复印件。

（7）客伤当事人身份证复印件：身份证 A4 纸正反面复印件（如当事人要求当场协商补偿处理，又不能提供身份证的，由当事人本人提供情况说明书，并由本人签名）。

（8）委托书：委托人、被委托人均须提供身份证复印件，要求同上。

附录五

各类赔偿费用的解释及核定要求

当事人提出的赔偿主张可以包含由于本次客伤产生的医疗费、交通费、误工费、护理费、营养费及伤残补偿费。

（1）医疗费：根据医疗机构出具的医药费、住院费等收款凭证，结合病历和诊断证明等相关证据确定。在核计收款凭证内费用时，其中“现金支付”、“账户支付”的金额是可以纳入理赔依据的金额内。“统筹支付”（国家政府）、“附加支付”（地方政府支付）等，已有其他第三方给予报销的金额，不可纳入理赔依据的金额内。另外医药费、住院费等收款凭证上盖有保险公司等其他单位报销审核章的，应要求当事人提供盖章单位的报销凭证，同时也应予以去除，不可纳入理赔依据的金额内。

（2）交通费：根据当事人及其必要的陪护人员因就医或者转院治疗实际发生的费用计算。交通费应当以正式票据为凭；有关凭据应当与就医地点、时间、人数、次数相符合。公交卡充值发票不能作为交通费的凭证。

（3）误工费：误工费根据伤者的误工时间和收入状况确定。误工时间根据伤者接受治疗的医疗机构出具的证明确定。当事人因伤致残持续误工的，误工时间可以计算至定残日前一天。

（4）当事人有固定收入的，误工费按照实际减少的收入计算，计算方式为：（伤前三个月的月收入平均值减伤后在误工期间的月收入平均值）× 误工时间（单位：月）= 误工费（实际减少的收入）。当事人伤者需提供其伤前三个月的收入证明（需加盖单位劳资部门的公章）、伤后在误工期间的收入工资单和相关月个人所得税缴纳凭证。伤者无固定收入的，按照其最近三年的平均收入计算；伤者不能举证证明其最近三年的平均收入状况的，可以参照事件发生的所在地相同或者相近行业上一年度职工的平均工资计算。

（5）护理费：根据护理人员的收入状况和护理期限确定。护理人员的收入状况根据护理单位开具的收据凭证确定。护理期限应计算根据当事人接受治疗的医疗机构出具的证明确定。

（6）营养费：根据受害人伤残情况参照医疗机构的意见确定。

（7）三期鉴定、伤残鉴定："三期鉴定"即误工期限、护理期限、营养期限的司法鉴定;"伤残鉴定"即评定伤残等级的司法鉴定。当事人若进行"伤残鉴定"及"三期鉴定"，可根据鉴定结果，按照国家规定的金额进行赔偿。

附录六

气割、电焊的“十不烧”规定

（1）焊工必须持证上岗，无特种安全操作证的人员，不准进行焊、割作业。

（2）凡属一、二、三级动火范围的焊、割作业，未经办理动火审批手续，不准进行焊、割。

（3）焊工不了解焊、割现场周围情况，不得进行焊、割。

（4）焊工不了解焊件内部是否安全时，不得进行焊、割。

（5）各种装过可燃气体，易燃液体和有毒物质的容器，未经彻底清洗，排除危险性之前，不准进行焊、割。

（6）用可燃材料作保温层、冷却层、隔热设备的部位，或火星能飞溅到的地方，在未采取切实可行的安全措施之前，不准焊、割。

（7）有压力或密闭的管道、容器，不准焊、割。

（8）焊、割部位附近有易燃易爆物品，在未作清理或未采取有效的安全措施之前，不准焊、割。

（9）附近有与明火作业相抵触的工种在作业时，不准焊、割。

（10）与外单位相连的部位，在没有弄清有无险情，或明知存在危险而未采取有效的措施之前，不准焊、割。

附录七

保洁频次要求

序号	内　容	质 量 标 准	清 洁 频 次		
			日常保洁（次）	深度保洁（次）	
			日	周	月
1	出入口光棚	透明、洁净，无大面积斑渍、污点		1	
2	出入口顶盖	无明显垃圾		1	
3	出入口地面	无明显垃圾、杂物，无烟头、无顽固污渍，整洁干净	巡扫		
4	地沟	地沟：无淤泥、无垃圾	1		
5	公告栏	表面：无灰尘、明显污迹、黑广告	1		
6	卷帘门	表面：无明显积灰、明显污迹、黑广告			1
7	站内地面清洁	无痰迹、烟头、杂物、积尘	巡扫	1	
8	防滑毯清洗	防滑毯：无明显污点，使用后摆放规整、清洗后色泽均匀			1
9	站内墙面	大理石：墙面无积灰、污垢，表面光滑；铝板：表面无污迹、水迹、污垢；面砖：表面无污迹、水迹、污垢；涂料：表面无污迹、无灰尘、无明显污垢；无蜘蛛网		1	
10	壁画	无破损、表面无明显污迹		1	
11	一米栏	无积灰、明显污迹		1	
12	贴脚线	无积灰、污迹		1	
13	站内出风口、灯罩	表面：无明显积灰、明显污迹		1	
14	天花板	表面：无明显积灰、明显污迹			1
15	玻璃	无污垢、水渍、表面洁净（高架车站无明显污迹）	擦抹	1	

续上表

序号	内　容	质 量 标 准	清 洁 频 次		
			日常保洁（次）	深度保洁（次）	
			日	周	月
16	楼梯及通道	地面：无痰迹、烟头、杂物、积尘；台阶：无明显污渍、杂物、水渍，扶手无无积灰、污迹；通道门窗：无积灰、无明显污迹；	巡扫 擦抹	1	
17	不锈钢器具	无明显污渍、有亮泽	擦抹		
18	垃圾筒	垃圾筒表面：无积灰、污渍并按规定摆放，无虫蚊，无特别气味；及时倾倒，桶内垃圾不满溢	擦抹	消毒 3 次	
19	消防箱、柜	表面：无积灰、无明显污垢	2		
20	屏蔽门、安全门、安全护栏	无积灰、污渍、水渍、手印，清洁时不造成设备表明损坏和划痕，保持站台边缘绝缘地板清洁，不受潮；玻璃表面：无大量明显手印、污迹（高架车站无明显污迹）清洁时不造成设备表明损坏和划痕	擦抹 （站台侧）		2 （股道侧）
21	乘客座椅	无积灰、无污渍、无水渍，清洁时不造成设备表面损坏和划痕	1		
22	站台两端	无明显污物、水渍、明显灰尘（高架车站无明显积灰、污迹）		1	
23	站线道床	无陈旧垃圾、排水管道无堵塞	1（开放）	2（封闭）	
24	信号旗、钱袋、票盒	清洗干净、拆装无损坏			1

续上表

序号	内　容	质 量 标 准	清 洁 频 次		
			日常保洁（次）	深度保洁（次）	
			日	周	月
25	闸机、自动售票机等票务设备	无积灰、无污渍、无水渍、无明显手印，清洁时不造成设备表面损坏和划痕	擦抹	1	
26	自助售货机，银行终端等自助设备	无积灰，无污渍，无水渍，无明显手印，清洁时不造成设备表面损坏和划痕	擦抹	1	
27	票亭	洁净、光亮、无明显污渍、水渍	1	1	
28	无障碍电梯	轿厢内不锈钢板、镜子玻璃：无明显印迹、污迹；内外门、门框：无积灰、无明显印迹、污迹；扶手：无积灰、污迹；门槽：无污垢、杂物；地毯：无垃圾、无明显污迹；按钮开关：无灰尘、无明显污迹；轿厢内：无异味、无污迹	3	1	
29	自动扶梯	踏板：无垃圾、无明显污迹；扶手：无灰尘（高架、地面车站无积灰）、无明显污迹；台阶表面：无垃圾、无明显污迹；台阶立面：无明显污迹；不锈钢斜平面：无灰尘（高架、地面车站无积灰）、涂鸦、贴纸；不锈钢内立面：无灰尘（高架、地面车站无积灰）、印迹、贴纸	3	1	
30	指示牌、导向牌	无积灰 、无明显污垢（高架车站无明显积灰）	1		
31	卫生间（费区内/非收费区）	台面、台盆、龙头、镜子：无污迹、无大面积水迹；墙面、隔断：无积灰、污迹；水箱：无积灰、无明显污迹；便器：无严重污迹、黄斑；垃圾篓：垃圾不超过三分之二；地面、地漏：无垃圾、无明显污迹、水迹、无污物及堵塞物；无明显异味、定期消毒	每 15min 巡扫 1 次、每 2h 清理 1 次	消毒 3 次	

续上表

序号	内　容	质　量　标　准	清　洁　频　次		
			日常保洁（次）	深度保洁（次）	
			日	周	月
32	广告牌、广告灯箱、灯具、灯柱等	无积灰、无明显污垢（高架车站无明显积灰）	1		
33	便民信息架、时代报报架等便民设施	无积灰、无明显污渍、水渍，清洁时不造成设备表面损坏和划痕。	1	1	
34	垃圾清运	垃圾日产日清，每天按指定时间收集运往垃圾场、保持清洁，无垃圾	1		
35	垃圾房	地面、墙面无垃圾、明显污垢			1
36	虫害治理	灭鼠、灭蟑、灭蝇、灭蚊，确保用药质量	每个季度 1 次（根据季节等特殊要求调整）		
37	外墙	无明显污渍	每年 2 次		
38	突发性不洁事件	发生乘客呕吐、雨天滴水等情况	20min 内清扫完毕		
39	运营中列车客室	折返列车内无残留废纸、废瓶、废罐、杂物，不能残留易燃、易爆物以及易燃、易爆物的残痕	折返站上车		
40	运营中列车客室座椅、扶手、内墙、车门	应保持清洁，无水迹、污痕	随脏随扫		
41	运营中列车车厢突发性不洁事件	发生乘客呕吐、饮料打翻等情况	随脏随扫		

参考文献

[1] 上海申通地铁集团有限公司轨道交通培训中心．城市轨道交通专业培训系列教材［M］．北京：中国铁道出版社，2012.